JN441344

초등 공부
시작의 기술

지금 꼭 해야 할 것과
안 해도 될 것의 기준

초등공부 시작의 기술

최은아 지음

초등 1~3학년에 완성하는 우리 아이 공부 그릇

웅진 지식하우스

프롤로그

"대체 뭘 시켜야 해요?"라는 절박한 질문에 답하며

"최 선생님, 제가 선생님 인스타그램을 봤는데요."

"아이고, 그러셨어요?"

"스토리에 올린 사진에서 둘째가 푸는 그 문제집 뭐야?"

"어떤 거? 무슨 사진 말하는 거야?"

"애들이 엎드려서 풀고 있던 수학 문제집, 그거 어때?"

친구들은 교육에 관해 뭔가 묻고 싶을 때면 꼭 "선생님"이라 부르며 존댓말로 시작한다. 그러고는 다른 학부모들은 물어보고 싶어도 차마 묻지 못하는 질문들을 아주 시원하게, 거침없이, 가감 없이 던진다. 이게 바로 교사를 친구로 둔 장점 아니겠는가.

일찍 결혼하고 이른 나이에 출산했다. 육아를 일찍 시작했기에 친구들이 아이의 초등학교 입학을 앞두고 있을 때, 나는 큰아이 중학교 입학을 고민하고 있었다. 친구들은 선배 엄마인 내게 자주 전화해 교육에 관한 것들을 물어본다. 가끔은 말을 아껴야 하나 싶다가도 어디에도 속 시원히 물어보지 못할 교육 고민을 조금이나마 해결해 주자 싶어서 한껏 수다를 떤다.

『자발적 방관육아』와 『엄마는 아무 말도 하지 않을 거야』가 출간된 후 친구들의 질문은 더 솔직해졌다. 아니, 어쩌면 더 절박해졌다고 해야 할까.

"선생님, 제가 이제 어떤 마음으로 육아해야 하는지는 감이 좀 왔거든요? 그런데 너는 애들한테 뭐 시켰어? 너도 그냥 놀게 하지는 않았다고 했잖아. 뭐 시키는지 그걸 말해줘. 시원하게 말해줘."

"언니가 이 나이에 애 낳고, 키우고, 몸 추스르기도 벅찬 거 알지? 입학 전에 뭘 시켜야 해? 아, 이제 줄넘기는 잘해!"

"우리 애들 어떻게 공부시켜야 할지 고민이야. 학원을 너무 많이 보내나 싶은데, 다 필요한 것 같고. 네가 시키는 대로만 할래. 안 맞아도 뭐라고 안 할게."

친구들은 말했다. 소신대로 키웠다고 믿었는데, 막상 주변을 보니 학원을 안 보내는 것이 아이에게 죄라도 짓는 듯 느껴진다고. 보내는 마음도 마찬가지다. 아이가 힘들어하는 걸 알면서도 교육의 전장으로 내보낼 수밖에 없는 이 시대의 부모 마음을 누가 알아줄까.

지금 이걸 하지 않아서 아이가 나중에 뒤처지지는 않을까, 우리 아이가 남보다 더 뒤쪽에 그려진 출발선에서 뛰어야 하는 것은 아닐까, 어쩌면 그 출발선을 내가 뒤로 밀어놓은 건 아닐까 하는 마음이 죄책감처럼 파고든다. 그러다 문득 '나'의 안심을 위해 더 많이 가르치려고 했던 건 아닐까 싶어 자책이 밀려온다.

친구들의 마음이 어쩌면 모든 부모의 마음이 아닐까 싶어 글을 쓰기 시작했다. 『자발적 방관육아』로 아이를 함께 키워낸 육아 동지들이 이제 아이 공부를 고민할 때가 왔다. 엄마로서 아이를 낳고 키우는 동안 수많은 실수에서 얻은 지혜와 선생님으로서 교직 생활에서 얻은 노하우를 이 책으로 나누어본다. 한 명 한 명 친한 친구에게 알려준다고 생각하며 작은 참견을 보태본다. 교사라서 해야 하는 이상적인 이야기가 아니라 친구들이 듣고 싶어 한 딱 그 이야기, 그렇지만 교사로서 전하고 싶은 이야기도 꾹꾹 눌러 담았다. 내가 누군가에게 작은 도움이 될 수 있기를 바라는 마음으로 말이다.

아이가 맞이한 공부의 계절을 편안하게, 그렇지만 성공적으로 이끌어주는 부모가 되고 싶은 마음은 누구나 같을 것이다. 휩쓸리지 않고 자발적 방관육아를 해온 나의 동지들이라면 이 또한 잘 해낼 것이기에 나만의 영업 기밀을 여기에 모두 풀었다.

다 같이 잘 키워서, 내 아이가 만날 친구들 모두 몸과 마음이 건강하기를 바라는 욕심도 있다. 다 같이 잘돼서, 다 같이 행복해져서, 내가 만날 엄마들도 모두 행복하기를 바란다. 그래야 그 안에 있는 나도 행복해질 것이므로.

차례

2장 내 아이에게 심어줄 마음가짐

2부 스스로 공부하는 아이로 키우는 시작의 기술

3장 공부는 결국 아이의 몫이다

4장 영어, 초등에 결정 안 난다

초등 교실에서 15년간 검증된

'진짜' 7세 고시

일상 영역

- ☐ 혼자 신발 끈 묶기
- ☐ 물병, 펜, 요거트 등 뚜껑 열기
- ☐ 외투 지퍼 잠그고 정리하기
- ☐ 화장실 뒤처리 스스로 하기
- ☐ 주변 정리하기(빗자루질 등)
- ☐ 서랍과 사물함 정리하기
- ☐ 물건에 스스로 이름 쓰기

학습 영역

- ☐ 알림장 보고 가방 챙기기
- ☐ 교과서 쪽수 펼치기
- ☐ 교과서 쪽수에 해당하는 부록 찾기
- ☐ 부록 안 찢어지게 뜯기
- ☐ 정교하게 가위질하기
- ☐ 연필 바르게 잡기
- ☐ 글씨 바르게 쓰려고 노력하기
- ☐ 꼼꼼하게 색칠하기

관계 영역

- ☐ 선생님 말씀 경청하고, 친구 말 잘 들어주기
- ☐ 하고 싶은 말이 있어도 기다리기
- ☐ 줄이 길어도 차례 지키기
- ☐ 내가 조금 손해 보더라도 양보하기
- ☐ 모르는 것이 있으면 모른다고 말하기
- ☐ 모르는 것 선생님께 질문하러 가기
- ☐ 친구에게 "고마워", "미안해"라고 말로 먼저 표현하기
- ☐ 도움이 필요할 때는 도와달라고 말하기
- ☐ 싫을 때는 싫다고 정중하게 표현하기

체크 수 확인

✓ **0~10개**	한글 공부나 수학 공부보다는 일상생활 연습을 좀 더 열심히 하기!
✓ **11~20개**	잘하고 있어요. 부족한 부분만 더 채워가요!
✓ **21개 이상**	이제 진짜 공부를 시작해도 될 때!

1부

제철 아닌 공부는 열매 맺지 않는다

1
장

부모 마음 점검하기

안 해도 된다가 아니라 '지금' 안 해도 된다

초등 교육에서 뺄 것과 남길 것

"초등은 열심히 노는 시기죠. 뭘 그렇게 시켜요? 공부 못하면 어때요? 자기 밥그릇은 자기가 다 가지고 태어나요. 아이들 행복이 더 중요하죠!"

나도 안다. 누구나 알 것이다. 유니콘이 사는 세상에서 할 법한 이런 이상적인 말은 부모에게 죄책감만 심어줄 뿐이다. "그러면 저는 애가 불행했으면 해서 학원 보내는 줄 아세요?" 하고 맞받아치고 싶지만 아무래도 맞는 말 같아서 속으로만 삼킨다.

『자발적 방관육아』를 읽은 뒤 학원을 모두 끊고 아이를 놀게 한다는 글을 보았다. 내가 하고 싶었던 말이 제대로 전해지지 않은 것 같아 공부에 관한 글을 써야겠다고 생각한 순간이었다. 자발적 방관은 아이가 스스로 해낼 수 있도록 기다리는 것이지, 손 놓고 놀게 한다는 뜻이 아니다. 지금 해야 할 것과 나중에 해도 되는 것을 명확히 구분한 다음, 지금 해야 할 것을 충실히 할 수 있도록 부모가 환경을 만들고 아이가 해내기를 독려하고 기다려야 한다. 무작정 학원에 보내지 않는 게 아니다. 학원 공부가 필요한 아이는 학원에 가야 한다.

책을 잘 읽은 독자들은 "그럼, 구체적으로 어떻게 공부시켜야 하나요?"라고 물어보지만, 제목만 보고 유추한 독자들은 "아무것도 시키지 말고 그냥 놀게 하라는 거예요?"라고 묻는다. 책에서도 말했지만, 나는 누구보다도 체계적으로, 그렇지만 보이지 않는 손으로, 그리고 가장 가성비 있고 효과적으로 교육하기 위해 고민하는 사람이다. 아이들에게 공부를 가르치는 교사가 아니었던가. 어떻게 하면 아이들이 지치지 않고, 자신감을 가지고, 스스로 공부하게 할 것인지를 고민하는 게 나의 업이다.

가르치지도 않은 공부를 스스로 해내는 아이라면 천재다. 아쉽게도 우리 아이는 천재가 아니다. 그래서 가르쳤다. 이것저것 남들 시키는 것을 하나둘 따라 시키면, 결국 길을 잃고 헤매게 된다. 해야 할 것과 나중에 해도 되는 것의 기준을 세워야 휩쓸리지 않는다. 지금 해야 할 것만 충실하게, 그리고 확실히 시키려고 한다. 그것이 내 교육 방침이다.

신발 끈도 제대로 묶지 못하는 아이에게 더하기를 가르치지 않았고, 말도 제대로 하지 못하는 아이에게 글자를 가르치지 않았다. 초등 2학년 심화 문제도 제대로 풀지 못하는 아이에게 3학년 수학을 가르치지 않았고, 책 읽기에 흥미가 없는 아이에게 전집을 사주지 않았다. 지금 하지 않아도 되는 것은 과감히 내려놓는 것, 하나가 완벽해지면 그다음을 가르치는 것, 반드시 그 나이에 해야 하는 것이라면 강단 있게 시키는 것. 이것이 내가 추구하는 교육이다.

아이가 할 수 있도록 환경을 만들어주고 그 안에서 아이가 해낼 수 있도록 돕는 것이 자발적 방관의 핵심이다. 공부도 똑같다. 초등 1학년이 배워야 할 것이 있다면 그것을 배울 수 있도록 환경을 만들어주고 보이지 않는 손으로 움직이면서 아이가 스스로 해내기를 기다린다.

초등 1학년이 해야 할 일은 3학년 수학을 푸는 것이 아니다. 책상에 바르게 앉고, 서랍을 정리하고, 꼼꼼하게 색칠하고, 스스로 숙제를 하고, 준비물을 가방에 챙겨 넣는 기본 학습 습관을 갖추는 것이다. 이런 습관을 갖추지 못한 아이가 나눗셈을 풀어봤자 고학년에 가면 무너진다. 1학년에 학습 준비를 탄탄하게 해놓고 고학년에 올라가야 한다.

초등 6학년이 되어서 할 일은 중학교 입학을 준비하고, 자신이 무엇을 좋아하는지 찾아보고, 풍부한 독서와 글짓기를 경험하며 생각을 정리하는 연습을 하는 것이다. 연산 실수가 없도록 연습하고, 다양한 과목의 지식을 쌓는 것도 필요하다. 각 시기에 해야 할 일을 제대로 해내는 것이 교육의 목표다.

해야 할 일은 강단 있게 밀고 나가야 한다. 반면 하지 말아야 할 것은 과감히 내려놓아야 한다. 지금 우리 아이에게 필요한 것은 무엇인지, 무엇을 선택하고 무엇을 거를지 판단해야 한다. 우리는 아이를 위한다는 이유로 당장 하지 않아도 될 일을 강요하곤 한다. 걸음마를 막 시작한 아이에게 운동장 열 바퀴를 뛰라고, 남보다 더 앞에서 달려야 한다고 채찍질하는 꼴이다. 중요한 것은 기준이다. 학원이든, 학교든, 영어든, 어떤 교육이든 아이를 위한다며 시킨 것이 부모의 안심을 위한 것에 그치지 않았는지 스스로에게 물어봐야 한다.

초등학생 때는 무조건 놀아야 한다고 말하는 사람도 있다. 틀린 말도 아니지만 맞는 말도 아니다. 어느 정도 공부는 해야 한다. 중고등학교에서 공부하기 위한 체력을 쌓고, 어떻게 해야 자기주도학습을 할 수 있는지를 스스로 경험해야 한다. 학교에서는 학교생활에 충실하고, 집에서는 부족한 공부를 부모님과 해야 한다. 필요하다면 사교육의 도움을 받을 수도 있다. 그렇지만 너무 과해서는 안 된다. 놀기도 놀아야 한다. 친구들과 어울려 놀기도 하고 싸우기도 하고 화해도 해봐야 한다. 친구에게 물건을 빌려보기도 하고 빌려주기도 해야 한다. 상처도 주고 상처도 받는 경험이 아이를 자라게 한다. 초등학생 때 반드시 해야 할 일이다.

모든 것을 초등 때 완성시키겠다는 부모의 마음이 몇 년 사이 유치원으로 내려간 것 같다. 교육의 시작점이 너무 빨라졌다. 유아를 위한 과학 영재학원이 생겼고, 영어학원 레벨 테스트를 준비하기 위해 네 살에 공부를 시작하고, 아이들은 수학학원으로 논술학원으로 쉴 새

없이 돌고 있다. 초등학교 하굣길에 두 눈은 휴대전화에 고정하고서 이 학원으로 갔다가 다시 저 학원으로 가는 아이들을 쉽게 볼 수 있다. 휴대전화를 보는 그 시간이 그나마 쉬는 시간이기 때문에, 안타까운 마음이지만 그만하게 할 수도 없다. 몇 년 전에는 중학생의 모습이었는데, 이제는 초등학교 저학년도 비슷한 모습이다. 조만간 유치원 아이들이 그렇게 될 지도 모르겠다.

초등 선행과 적기 사이 중심 잡기

4세 고시는 대체 누가 만든 말인지 찾아가서 묻고 싶다. 4세 고시, 7세 고시 같은 말에 불안해하지 말자. 유아기와 초등기는 세상 무서운 줄 모르고 살아야 하는 시기다. 손으로 큰 동그라미를 그린 그만큼의 세상이 전부인 줄 알고 이 세상에서 내가 제일 똑똑하다고 생각하며 살아야 하는 시기다. 이 시기 아이들을 경쟁으로 내몰고 성적으로 줄을 세우고 있다니 안타까운 마음이다.

돈과 시간을 버리고 에너지를 들여가며 너무 어린 나이부터 공부를 가르치지 않아도 된다. 다른 아이들은 다 배우고 있는데, 우리 아이도 빨리 시작해야 하는 거 아닌가 불안해하지 않아도 된다. 나라에서 만든 누리교육과정, 초등 교육과정, 중고등 교육과정은 수많은 연구진과 집필진이 모여 연구하고 정리한 결과물이다. 아동 발달단계, 뇌 발달, 인지능력, 이해력, 도덕성, 지능 발달단계 등 많은 것을 고려해 설계한 과정이다.

교육과정은 아이들이 언제 무엇을 배워야 가장 잘 습득할 수 있는지, 이 시기에 반드시 알아야 할 것은 무엇인지를 연구해 둔 답안지다. 그렇기에 가장 효과적이고 효율적이며 똑똑하게 가르치는 방법은 유치원과 학교에서 가르치는 과정만 완벽하게 따라가며 구멍 없이 채워주고 복습하는 것이다. 옆집 아이가 한다고 해서 불안해하지 않아도 된다.

시기별로 해야 할 것을 충실하게 챙기면 마음이 불안하지 않다. 이것도 해야 할 것 같고 저것도 해야 할 것 같아서 욕심 내면 모든 것이 버거워져 아무것도 제대로 가르치지 못한다. 초등학생은 딱 '초등'만큼만 하면 되는 시기다. 모르는 게 더 많아야 하고, 알고 싶은 게 더 많아야 한다. 다 알아야 하는 시기가 아니고, 다 알지도 못하는 시기다. '초등 결정론' 같은 말은 잊어버리자. 그런 말은 부모를 종종거리게 하고, 종종거리는 마음은 아이를 숨 막히게 한다. 인생이 결정되는 시기가 초등이라니 아무리 생각해도 말이 안 된다. 그럼, 시기별로 무엇을 해야 할까?

아이의 시기별 정말 해야 할 것들

유아기

유아기는 공부할 준비를 하는 시기다. 일상생활의 독립을 연습하는 시기로, 가정과 유치원에서 일상의 기술을 연습하고 다듬어야 한다. 신발 끈 묶기(혹은 찍찍이 붙이기), 신발장에 신발 정리하기, 유치원 가방 챙겨보기, 사물함에 넣어보기, 자기 물건 챙기기, 외투 걸기, 외투 정리하기, 식판 받기, 스스로 먹기, 식판 정리하기, 양치하기, 화장실 뒤처리하기, 연필 깎아보기, 꼼꼼히 색칠하기 등과 함께 간단한 학습 준비만 되어 있으면 된다. 친구들과 싸워보기도 하고, 상처도 주고받고, 어떻게 하면 교우관계를 건강하게 해결할 수 있는지도 배워야 한다.

일상의 기술을 제대로 배우지 않고 영어, 사고력 수학 같은 것부터 시킨다면 소용이 없다. 혼자 화장실 뒤처리를 할 수 없으면 수업 시간 내내 참으며 종종거리느라 수업에 집중하지 못한다. 친구 관계에서 어려움을 겪어도 스스로 해결할 힘이 없으면 학교생활을 제대로 해내지 못한다. 이 시기에는 '공부'가 아니라 '공부할 준비'가 먼저이며, 그것 자체가 곧 배움이다.

초등 저학년

초등 저학년은 학교생활에 적응하고, 학교와 친숙해지는 시기다. 본격적인 공부를 하기 전, 학습에 대한 자세를 배우는 시기이기도 하다. 프랑스의 초등 학제는 5년으로 우리와는 이름이 다른데, 1학년, 2학년이라 부르지 않고 특별한 이름이 있다. 초등학교를 입학한 첫해, 우리나라 1학년에 해당하는 학년은 CP, 즉 Cours Préparatoire라고 부르는데 공부를 '준비'하는 시기라는 뜻이다. 이후 학년은 CE1, CE2라고 부르는데, CE는 Cours Élémentaire로 '기초 학습' 학년을 말한다. 그 이후는 CM1, CM2라고 부르는데, CM은 Cours Moyen으로 중고등학교에 가기 전 '중간' 과정을 의미한다.

우리도 초등 1~2학년은 공부를 준비하는 시기, 3~4학년은 기초 학습 학년, 5~6학년은 중고등학교에 가기 전 중간 과정이라고 생각하면 좋겠다.

초등 1~2학년 때는 학교 내 규칙과 학습 및 생활 습관을 배운다. 연필 잡는 법부터 바른 자세로 앉는 법, 바른 글씨를 쓰는 법, 질문에

답하는 법, 교과서를 활용하는 법 등을 비롯해 기초적인 읽기, 쓰기, 셈하기 등을 배우고 준비한다. 일상생활의 훈련이 잘된 이후에 공부하는 습관을 만드는 시기라고 생각하자. 이때 잘 다져놓은 연필 잡는 법, 바른 자세, 글씨체나 글씨 쓰기는 이후 학년의 토대가 된다. 1학년 때 잘 잡힌 학습 습관은 6학년까지 이어진다.

초등 1~2학년 시기에 해야 할 것

- ✦ 지각하지 않고 학교 가기
- ✦ 주간 학습표대로 교과서 잘 챙기기
- ✦ 문구점에서 스스로 준비물 사기
- ✦ 실내화 혼자 갈아 신고 신발장에 정리하기
- ✦ 책상에 바르게 앉고 서랍 정리하기
- ✦ 식판 잘 들고 가기
- ✦ 수업 시간에 집중하기
- ✦ 색칠 꼼꼼히 하기
- ✦ 스스로 숙제 해 보기
- ✦ 준비물에 이름표 붙이기
- ✦ 알림장을 점검하고 숙제와 준비물 챙기기
- ✦ 공책에 줄 맞춰 바르게 글씨 쓰기
- ✦ 독서의 즐거움 쌓기

✦ **꾸준한 운동으로 체력 만들기**

✦ **기초 수학 단단하게 다지기**

요즘은 알림장을 온라인으로 학부모에게 전달한다. "아이가 알림장을 제대로 써오지 않아 글씨를 못 알아보겠다." "워킹맘은 제대로 챙기기 어렵다." 등의 민원이 많았기 때문이기도 하다. 학교 알림장에는 챙겨야 할 준비물이나 숙제가 적혀 있다. 이건 부모가 알아야 하는 게 아니다. 아이가 알아야 한다. 만약 알림장을 쓰게 하는 선생님이 있다면 정말 고마워하자. 하나하나 검사하고 챙겨주기도 쉽지 않은 일이다.

알림장을 홈페이지나 앱으로 전달받는다면, 아이에게 알림장을 따라 써보라고 해야 한다. 내일 무슨 숙제가 있고, 어떤 준비물이 있는지 스스로 알아야 한다. 집에서 따로 준비한 알림장에 따라 써보게 하고, 스스로 챙길 수 있도록 하자.

참고로 초등 1학년 담임으로 연세가 많은 선생님이 배정되었다고 아쉬워하거나 교체를 요구하는 어리석은 행동은 금물이다. 선생님들이 담임으로 가장 기피하는 학년이 1학년임을 알고 있는가. 미안하지만, 솔직히 말해서 가장 힘든 학년이다. 교과 내용이 쉽다고 해서 가르치기가 쉬운 것은 아니다. 베테랑 선생님들이 맡는 이유가 있다. 풍부한 교직 경력과 연륜에서 오는 여유, 아이들을 바라보는 넉넉한 마음이 필요한 학년이므로 연세가 많은 선생님이 담임이 되었다면 마음속으로 기뻐하기를 바란다. 정말 행운이다. 오랜 경력으로 1학년부터 6학년까지 다양한 학년을 경험했기에 1학년에 무엇을 배워야만 6학년까지 잘해 나갈 수 있는지를 가장 잘 아는 분이다.

몸이 아파 병원에 갔다고 생각해 보자. 이제 막 신규로 부임한 의사 선생님보다 진료 경력도 길고 수술 경험도 많은 의사 선생님을 찾아야 하지 않겠는가. 1학년 담임 선생님은 경력이 많은 분이 되도록 마음으로 빌어야 한다.

초등 중고학년

초등 3~4학년은 본격적인 교과 학습이 시작되는 나이다. 교과서 과목 체계는 3학년부터 달라지는데, 1, 2학년 때부터 배운 국어와 수학을 비롯해, 통합교과에 합쳐져 있던 사회, 과학, 음악, 미술, 체육, 도덕, 실과, 그리고 영어를 각 과목으로 나누어 배운다. 본격적인 '진짜 공부'를 시작하는 시기다. 아이의 뇌가 단순히 눈으로 보고 만지는 것에서 벗어나 보이지 않는 개념을 머릿속에서 그릴 수 있는 시기이기 때문이다. 공간에 대한 인식도 나에게서 가족, 마을과 지역사회를 거쳐 더 넓어지며 과학적인 현상을 보고 정리해서 설명할 수 있다. 도덕성도 한층 더 발달하는 시기여서 가치판단에 대한 자기 생각을 정리해 말할 수 있다. 다양한 과목을 배우며 성장하는 시기이며, 이 시기가 되어야만 제대로 배울 수 있으므로 3학년부터 시작하는 것임을 잊지 말자.

내가 유아기에 교과 관련 공부를 시키지 않은 이유도 여기에 있다. 밑 빠진 독에 부어야 할 것이 너무 많기 때문이다. 그 시기에 발달시켜야 할 것은 놓치고, 엉뚱한 데 돈과 시간을 낭비하는 격이다. 물론 일찍 시작해 얻는 것도 있고, 배우는 것도 있다. 그렇지만 아이의 발달단계에 맞춰서 제대로 배울 수 있는 것을 가르쳐야 돈도, 시간도, 에너지도, 그리고 아이의 정서도 지킬 수 있다. 그냥 만들어둔 것이 아니니 나라에서 정한 교육과정을 믿기 바란다. 이때부터는 본격적으로 자기주도적 학습 습관을 만들어야 한다.

초등 3~4학년 시기에 해야 할 것

- ✦ 매일 플래너에 학습 계획 세우고 실천해 보기
- ✦ 교과서와 노트 정리 시작해 보기
- ✦ 실험과 관찰을 통해 알게 된 것을 문장으로 정리해 보기
- ✦ 독서 후, 간단한 감상문 작성해 보기
- ✦ 규칙을 지키고 협력하며 친구들과 과제 수행해 보기
- ✦ 학교 혹은 가정에서 한 가지 역할을 맡아 수행해 보기
- ✦ 독서량을 늘리고 독서 분야 확장해 보기
- ✦ 꾸준히 할 수 있는 운동 시작해 보기

초등 5~6학년은 그동안 배운 내용을 좀 더 심화하고, 지금까지의 학습 경험을 종합하는 시기다. 중고등학교에 가기 전에 자기주도학습 능력을 갖추고, 스스로 공부하는 연습을 해보는 시기라고 생각하면 된다. 배우는 내용의 수준도 높아지고, 학교에서도 프로젝트 학습을 비롯해 다양한 형태의 학습을 경험시킨다. 이때부터는 중고등학교 시험 체제에도 조금씩 익숙해질 필요가 있다.

초등 5~6학년 시기에 해야 할 것

- ✦ 주간 공부 계획표 세우고 점검하기
- ✦ 긴 글을 읽고 요약하는 연습하기
- ✦ 사회나 과학에서 알게 된 내용을 도표나 그래프로 정리하기
- ✦ 독서 후 다양한 갈래의 글 써보기
- ✦ 영어로 자신의 의견 간단하게 발표하기
- ✦ 프로젝트 과제를 준비하고 수행하고 발표하는 경험해 보기
- ✦ 시험 대비 연습하기(단원 정리, 요약 노트, 오답 정리 등)
- ✦ 온라인에서 자료 찾는 방법 알기
- ✦ 스스로 공부하는 시간 가지기

이 리스트를 보고 이걸 어떻게 다 가르쳐야 하나 싶겠지만 걱정하

지 않아도 된다. 교과 학습에 모두 다 녹아 있고, 학교에서 선생님들이 수업 시간에 다 알려준다. 내가 하고 싶은 말은 너무 많은 정보를 보고 듣고 불안해하지 말라는 것이다. 기본만 잘하면 된다. 학교생활을 충실하게 하고, 수업 시간에 집중해서 듣고, 학교에서 하는 다양한 활동과 수업에 적극적으로 참여하도록 '태도'를 만들어주면 된다. 아이의 학교생활을 통해 내 아이에게 부족한 점이 무엇인지를 살피고, 필요한 부분만 도와주면 된다. 필요하다면 사교육의 도움을 받을 수도 있다. 엄마가 선생님이 되어 가르치려고 하지 말고, 학교생활 안에서 부족한 부분만 도와주면 된다.

조급한 마음을 조금은 내려놓자. 차근차근 하나씩만 해나가자. 그래야 단단하게 나아갈 수 있다. 해야 할 시기에 해야 할 것만 하면 불안에 휘둘리지 않고 끝까지 올라갈 수 있다. 지금 아이에게 시키고 있는 것 중에 안 해도 되는 것은 무엇인지 고민해 보기 바란다. 제철의 공부를 이끌어주는 부모가 되기를 바란다.

초등 부모라면 반드시 알아야 할 고교학점제

"여보, 퇴근길에 장 좀 볼 수 있어?"

"뭐 사 갈까?"

"모르겠어. 뭐 해 먹지? 먹고 싶은 거 있으면 적당히 사 와."

남편은 양손 가득 무거운 쇼핑백 두 개를 들고 집으로 돌아왔다. 이것저것 얼마나 많이 사 왔는지 냉장고 자리가 부족할 정도였다. 저녁거리를 좀 사 오라고 했지만 제대로 된 저녁 메뉴 하나 만들 재료가 없었다. 하는 수 없이 달걀말이와 김으로 저녁을 먹고 다음 날 다시 장을 봐야 했다.

된장찌개를 끓인다면 애호박, 두부, 양파, 버섯이 필요하다. 차돌박이도 한 팩 사서 넣으면 더 맛있다. 카레를 만든다면 그에 맞는 재료를 사 오면 된다. 정확한 메뉴가 없으면 이것저것 사서 냉장고는 금세 차지만, 정작 필요한 재료는 없어 난감해진다. 공부도 마찬가지다. 큰 그림 없이 그냥 도움되지 않을까 하는 마음에서 이것저것 남이 하는 것을 따라 시키다 보면 불필요한 것만 쌓인다. 물론, 초등 시기에 어떤 대학의 어떤 과를 가겠다고 명확하게 정하라는 말이 아니다. 이 시기에는 큰 숲을 먼저 봐야 한다. 그래야 불필요한 재료를 장바구니에 넣지 않는다.

아직 자녀가 초등학생이라도 고등학교와 대학교 입시에 대해 알아두어야 한다. 목적지를 대충이라도 알고 가는 사람은 길을 헤매더라도 목적지를 향해 한 걸음 나아간다. 그렇지 않은 사람은 여기저기 남이 좋다는 곳에 들르느라 마음만 급하고 정작 목적지까지 가지 못한다. 큰 숲을 보면 당장의 작은 문제에 종종거리지 않는다.

왜 지금
알아야 할까

'고교학점제'라는 단어를 많이 들어봤을 것이다. 고교학점제는 고등학교에서 학생이 진학하고 싶은 대학 학과를 미리 정해두고, 그 학과에서 요구하는 과목을 이수한 뒤 대학에 지원하는 제도다. 고교학점제 시행 이전의 고등학생은 학교가 짠 시간표대로 한 교실에서 하루 종일 수업을 들었다. 하지만 고교학점제가 시행되면서, 학생이 진학하려는 학과에 필요한 과목을 신청해 자신이 만든 시간표에 따라 교실을 옮겨 다니며 수업을 듣게 되었다. 만약 지원하는 대학 학과와 전혀 관련이 없는 고교 학점을 이수한다면 서류 전형부터 어려움을 겪게 될 것이므로 전략을 잘 짜서 대비해야 한다.

지금 초등 부모가 알아야 할 것은 세세한 입시 방법이 아니라 고교 학점제 시행과 함께 평가 방법의 비중도 바뀌었다는 것이다. 수행평가 비중이 늘어났고, 수행평가에서는 서술형과 논술형의 비중이 늘어났다. 자기 생각을 쓰고, 말하고, 자료를 조사하고, 발표하는 것이 핵심이다. 학교 수업 중에 이루어지므로 사실상 학교 수업을 얼마나 충실하게 잘 듣고, 좋은 태도로 임하는지가 평가 결과를 좌우한다.

'세특'이라는 단어를 아는가. 세특은 '세부 능력 및 특기사항'의 줄임말로 각 과목 담당 선생님이 아이의 성적 외에 다양한 능력과 특기사항을 평가하고 써주는 내용이다. 이 내용이 아이가 '어떤 학생'인지를 말해주기에 대학 입학에서 매우 중요한 역할을 한다. 나도 학교에서 수업 태도가 바르고 생활 태도가 모범적인 아이에게는 좋은 말을 적어주고 싶어 몇 날 며칠을 고민하기도 했다. 학원 수업으로 지쳐서 학교 수업 시간 내내 조는 아이는 어떤 세특을 받게 될지 잘 생각해 보자.

그렇다고 '어차피 수능만 잘 보면 되지'라며 학교 수업을 포기하는 건 큰 오산이다. 고교학점제에서는 전공 관련 교과를 잘 이수했는지와 학업 태도가 매우 중요하다. 대입 전형은 다음과 같이 나누어진다.

- **학생부 교과 전형** (교과 성적+수능 최저 등급+일부 정성평가)
- **학생부 종합 전형** (교과 성적+교과 활동+교과 기반 교과 외 활동)
- **논술 전형** (교과 역량+논술 역량+수능 최저 등급 기준)
- **정시 수능 전형** (교과 역량+수능 성적)

각 전형에서 볼 수 있듯 교과 성적이나 교과 역량이 핵심 평가 요소다. 교육부 보도 자료(2025.07.02. '중학교·고등학교 과도한 수행평가 부담 해소한다')에 따르면 중고등학교의 수행평가는 반드시 수업 시간 내에만 실시하도록 했고, 이는 2025학년도 2학기부터 이미 시행되고 있다. 과도한 준비나 암기가 필요한 수행평가를 금지하고, 학교에서 배운 내용만 평가하겠다는 것이다. 바꿔 말해, 학교 수업을 열심히 듣는 태도를 만들어주어야 한다는 게 요지다. 초등 시기에는 모든 전형에서 학교 성적이 필요하다는 것만 알고 넘어가면 된다. 대신, 다음 세 가지는 꼭 기억하고 실천해 보기 바란다.

1) 아이와 대화하기

고교학점제를 준비하기 위해 초등에서 해야 할 일은 아이와 진로에 관해 꾸준히 이야기를 나누는 것이다. 아이가 무엇을 좋아하는지, 어떤 직업을 가지고 싶은지, 어떤 분야와 잘 맞고, 어떤 어른이 되고 싶은지를 고민하고 대화해야 한다. 아이들의 꿈은 해마다 바뀐다. 우리 아이도 어렸을 때는 마트 계산원이 되겠다고 했다가, 미용사가 되겠다고 했다가, 선생님이 되겠다고 하는 등 하루에도 열두 번 꿈이 바뀌었다.

초등 시기에 진로를 정하라는 뜻이 아니라 1년에 한 번 정도 우리 아이에게 어떤 직업이 어울릴까를 생각해 보는 시간을 가지라는 의미다. 이런 고민을 꾸준히 해야 아이가 고등학교에 갔을 때 진로를 분명히 세우고 흔들리지 않으며 고교학점제를 준비할 수 있다.

직업적성검사를 활용하는 것도 좋다. 직업적성검사, 혹은 직업심리검사로 검색하면 찾을 수 있다. 유료 검사가 있고, 비용이 부담된다면 무료 검사도 있다. 고용노동부의 고용정보시스템 '워크넷', 교육부에서 제공하는 진로정보시스템 '커리어넷'도 활용해 보기 바란다. 커리어넷에서는 직업적성검사, 진로성숙도검사, 직업흥미검사 등을 무료로 할 수 있으니 해마다 검사해 보고 아이와 이야기를 나눠보는 것을 추천한다.

2) 신문 읽기

초등 시기에는 문제집 정답 맞히기에 몰두해서는 안 된다. 객관식 평가 점수 비중이 줄고 논·서술형 평가 문항이 늘어나는 만큼 이에 대비해야 한다. 초등 시기에는 어떻게 하면 독서를 재밌게 만들 수 있을지를 고민하고, 많이 써보고 말하는 경험을 통해 논·서술형 평가에 대비해야 한다. 서울시 교육청에서는 '미래형 대입제도 제안'(2025.12.10.)을 통해 2040학년도에는 수능을 폐지하고, 현 초등 5학년(2025년 기준)부터는 수능에서 절대평가와 함께 논·서술형 평가를 도입하도록 제안했다. 확정안은 아니지만, 향후 10~20년 동안 한국의 입시제도는 분명 크게 변화할 것으로 예측할 수 있으니, 우리도 이에 맞춰 준비를 해야 한다.

그 출발점으로, 신문 읽기를 추천한다. 프랑스에서도 어린이 신문을 받아 아이들이 읽고 있는데, 어휘력뿐만 아니라 논·서술형 평가에 도움되는 문장 구조와 글의 흐름을 익힐 수 있다. 어린이 신문을 구독하기가 부담스럽다면 홈페이지에서 PDF를 500원에 구입할 수 있다. 일주일에 한 번만 뽑아서 집 안 곳곳에 두고 아이가 읽어볼 수 있게 하자. 다양한 생각거리와 글쓰기 활동까지 실려 있으니 논술 교재로 손색이 없다.

3) 독서

지금 초등학교 단원평가에서 객관식 문제를 얼마나 잘 맞히느냐보다 고등학교에 가서 논·서술형 평가를 어떻게 잘하게 할 것인지를 고민해야 한다. 그것을 연습하는 시기가 바로 초등이다. 자료를 읽고 종합해서 정리하고 글로 써 발표하는 능력을 키우려면 독서가 가장 효율적이다. 어떻게 책을 읽어야 하는지는 뒤에서 더 자세히 설명할 예정이다. 추천 도서 목록도 실어두었으니 꼭 활용해 보기 바란다.

일곱 살 이전까지는 책을 좋아하지 않았던 우리 아이들도 언젠가부터 책을 좋아하기 시작했다. 좋아해서 읽기 시작하니 책 읽는 수준과 속도가 따라가기 버거울 만큼 빠르게 오른다. 초등학교 3학년인데도 책을 안 읽는다고 걱정하지 말자. 조급해할 필요가 없다. 앞으로 소개할 내용을 잘 실천해 보자. 일단 아이가 책을 좋아하게 되면 이후로는 모든 게 놀랄 만큼 달라진다. 천천히 시작해 보자.

기대치를 낮추고, 아이의 때를 기다리기

"이건 '그' 소리고, 이건 '아' 소리야. 그아, 그아, 그아. 빨리해 봐. '가!' 알겠지? 이건 '느' 소리고, 이건 '아' 소리야. 느아를 빨리하면 뭐가 될까?"

멍한 눈으로 쳐다보는 아이가 답답해서 "아니, 이렇게 멍청한 애가 어디서 태어났지?" 하고 말할 뻔했다. 혼자서 글자를 척척 읽는 첫째를 보고는 역시 내가 잘 키웠다고 생각했다. 나를 닮은 것이 분명하다고. 그런데 얘는 누구를 닮아서 이렇게 못하는 걸까. 터지는 속을 부여잡고 화장실에 숨어 전화를 걸었다.

"여보, 무슨 냄새 안 나?"

"무슨 냄새?"

"내 속 타는 냄새!"

100일도 안 되어서 낯을 가리기 시작한 이 영특한 아이는 세 살

무렵부터 언니를 따라서 글씨를 쓰기 시작했다. 문제는 그렇게 몇 년을 따라서 쓰기만 했다는 것이다. 그 정도 따라 쓰면 몇 글자 알 법도 한데 프랑스에 도착해서도 한글을 떼지 못해 엄마를 안달나게 했다.

이쯤에서 고백하자면, 나는 한글을 못 떼고 학교에 입학했다. 더구나 '감자'와 '고구마'를 구분하지 못해서 감자를 "감자"라고 읽는 언니의 등을 깨물며 "고구마야!"라고 우기던 웃기지도 않는 꼴통이었다. 그랬던 내가 중학교 때는 반에서 1등, 전교에서도 1등을 차지하며 당당히 특목고에 입학했다. 엄마는 뿌듯한 어깨를 한껏 더 추켜올리며 말했다. "한글도 못 떼면서 욕심만 많아서 공부는 안 되겠다고 일찌감치 포기했는데, 네가 이렇게 공부를 잘하게 될 줄이야!" 나의 늦은 때를 기다려준 엄마에게 감사하다.

그래서 나도 기다리기로 했다. 아무리 가르쳐도 안 되는 걸 어쩌나. 내가 가진 기대치만큼 끌어올리려다가는 나도 다치고 아이도 다칠 것이 분명했다. 학교에 입학하기 전이기에 한글을 몰라도 괜찮았다. 한글을 빨리 떼야 할 이유도 없는데, 그때는 괜히 마음이 앞섰다. 특히 아이 친구가 한글을 척척 읽는 모습을 보고 마음이 더 급해졌던 탓도 있다.

반드시 한글을 가르쳐야겠다는 마음만으로 바라보니, 왜 이렇게 더디지, 왜 이렇게 이해를 못 하지, 하는 불안한 마음만 생겼다. 그런데 기대를 내려놓고 둘째를 바라보자 큰아이에게서는 볼 수 없었던 창의적인 그림이나 색감, 풍부한 이야기가 눈에 들어왔다.

돌이켜보면 교실에서도 그랬다. 아이들은 각자의 속도로 자랐다.

기다려주기만 하면 1년 뒤에는 모두가 성장해 있었다. 학교에 있는 재활용품으로 매번 기발한 자동차를 만들어내는 아이가 있었다. 한글은 1학년을 마칠 때쯤 겨우 뗐다. 하지만 이 친구 덕분에 반 아이들도 덩달아 창의적인 자동차를 만들기 시작했다. 심지어 고무줄과 나무젓가락을 이용해 움직이는 자동차까지 만드는 경지에 이르렀다! 이렇게 멋진 재능을 가지고 있는 아이를 '한글도 아직 못 떼다니' 하며 바라볼 것인가, '과학 재능이 남다르구나' 하고 바라볼 것인가.

물론 남의 아이니까 한없이 너그럽게 바라볼 수 있다는 것을 나도 안다. 하지만 분명 학업 성적은 낮아도 운동에 재능을 보이는 아이가 있었고, 국어는 어려워해도 과학 실험 시간만 되면 눈빛이 반짝이는 아이가 있었다. 모든 영역을 다 잘할 수는 없다. 내 아이가 못 하는 것이 있다면 기대치를 낮추고 다른 능력을 살펴볼 수 있는 여유를 가져야 한다.

큰아이가 초등학교에 입학했을 때, 한 선배 선생님께서 해준 말씀이 있다.

"내가 선생님 되고 나서 좋은 게 있어. 뭔지 알아? 바로 내 아이에 대한 기대치가 낮아졌다는 거야. 사실 그렇잖아. SNS 같은 데서 특출나게 잘하는 아이들을 보고 있으면 그게 내 기대치가 돼. 그런데 학교에서 평균적인 아이들을 보다 보니 '아이들은 원래 잘 해내지 못하는 존재'라는 생각을 갖게 되더라고. 내 아이에 대한 기대치도 낮아지니까 '이만하면 잘했는데?' 싶더라."

어느새 둘째는 내 삶에 낭만을 더해주는 존재가 되었다. 삐뚤빼뚤 크기가 맞지 않는 서툰 글씨로 한 자 한 자 써준 편지가 귀하고 고마웠다. 어떤 날은 오래 글자를 몰랐으면 좋겠다고 남편과 이야기했다. 글을 제대로 쓰는 순간부터 이런 편지는 더 이상 받아볼 수 없으니까. 거꾸로 쓴 'ㄹ'에는 아직 어린 아이의 모습이 담겨 있어서 리을을 제대로 쓰는 날이 오면 이제 다 컸다고 느낄 것 같아서 아쉬웠다.

둘째 아이가 글을 깨치는 데는 2년이 걸렸다. 그 시간을 아이와 계속 씨름했다면 얼마나 아까웠을까. 기대치를 낮추고 기다리기로 한 자신을 칭찬했다. 우리는 그림을 그렸고 노래를 불렀다. 스티커를 붙이고 이야기를 나눴다. 종알종알 흘러나오는 아이의 말을 일기에 받아 적으며 웃곤 했다. 어차피 배울 한글인데, 2년쯤은 늦어도 괜찮았다.

제철에 피는 아이들

예전에 마당 있는 집에 살게 되었을 때 어떤 꽃나무를 심을지 정해야 했다. 조경을 맡아준 사장님께서 배롱나무를 심으면 여름 백일 동안 꽃을 볼 수 있다고 하셨다. 그래서 배롱나무를 백일홍이라고도 부른다. 여름에 피는 꽃이라니. '여름꽃'이란 말에 반해서 수형이 예쁜 배롱나무 한 그루를 마당에 심었다.

봄이 한창인데도 나무는 겨울처럼 휑했다. 세상은 온통 봄을 맞이했건만 우리 집만 아직도 겨울인 것 같아 애가 닳았다. 다른 집 마당처럼 초록의 봄을 맞이하려면 두 달은 더 애가 닳아야 했다. 5월이 되어서야 싹이 났다. 이윽고 붉은 꽃을 피우며 한여름을 물들였다. 오가는 사람마다 한마디씩 했다. 어쩜 그리 예쁜 나무를 심었느냐고. 늦게 피는 꽃은 더욱 특별했다. 봄에 피었더라면 벚꽃에 밀려 빛을 보지 못했을 것이다.

이듬해에는 기다리는 마음의 여유가 생겼다. 아이들도 꽃과 같았다. 저마다 꽃피는 시기가 달랐다. 그래서 꽃마다 특별했다. 아이들은 모두 같은 속도와 순서로 배우지 않는다. 아이의 제철을 알아야 한다. 억지로 꽃을 피우게 할 수 없고, 열매는 기다려야 익는다. 작고 소박한 꽃을 피운다고 해서 덜 중요한 것도 아니다. 작은 꽃이지만 오래도록 피고, 그 향이 천 리를 가는 아이도 있다. 올해는 피지 않았지만, 내년에 꽃피우는 아이도 있다. 지금 당장 꽃이 피지 않는다고, 꽃이 아닌 것은 아니다.

부모는 아이의 제철을 아는 정원사가 되어야 한다. 정원사는 꽃을 비교하지 않는다. 제 몫으로 제때 피어나기를 바랄 뿐이다. 때가 되면 피고 무르익어 열매를 맺으니, 우리 아이가 먼저 꽃피운 것부터 바라보자. 다른 아이를 바라보며 생긴 기대치를 낮추고, 아이가 피운 꽃을 봐주었으면 한다.

봄에도 겨울나무처럼 앙상하던 백일홍이 여름 내내 가장 빛났으므로 우리 아이도 그렇게 빛날 것이다.

아이 발달이 늦어도 계속 기다려야 하나요?

아이 발달이 다른 아이보다 늦다고 생각된다면 전문의를 통해 확인하는 것이 우선이다. 영유아기는 시기별 발달 상태를 점검할 수 있도록 국가 영유아 건강검진이 시행된다. 해당 검진은 초등학교 입학 전인 만 6세까지 진행되며, '발달 평가' 항목을 통해 인지·언어·운동·사회성 발달을 종합적으로 확인한다. 평가 결과에 특별한 문제가 없고 전문의가 경과 관찰이 가능하다고 판단한 경우에는 추가적인 개입 없이 지켜볼 수 있다.

초등학교 입학 이후에는 학교에서 다양한 검사가 진행된다. 기초학력검사, 정서검사 등 아이의 정상 발달을 측정하고 필요한 지원을 연계하기 위한 것이다. 검사 결과에 따라 교육청의 상담 지원이나 기초학력 보완 프로그램 등을 활용할 수 있으므로, 안내하는 검사와 지원 제도를 적극적으로 활용해 보자.

시작 노트

영유아 부모님을 위한 한글 떼기

아이마다 한글에 관심을 가지는 시기는 다르다. 초등 1학년 담임을 하다 보면 1학년 2학기가 되어서야 한글에 관심이 생기는 아이도 있다. 글자에 관심을 가지는 시기를 잘 살펴봐야 한다.

“글자를 빨리 떼면 창의력이 사라진다고 해서 걱정이에요. 저희 아이는 만 5세도 되지 않았는데 관심이 있어요. 어떻게 하죠?”

아직 관심이 없는 아이에게 억지로 한글 교육을 시키는 것은 문제지만, 관심이 있는 아이라면 당연히 가르치는 게 맞다. 창의력은 글자를 익힌 이후에도 충분히 자란다. 글자를 상상하며 이야기를 만들 수도 있고, 만든 이야기를 글자로 옮길 수도 있다. 글자를 익힌 만큼 보이는 세상도 달라진다.

나이와 관계없이, 관심을 가지기 시작하면 ‘이름’을 가장 먼저 알려주는 것이 좋다. 자기 이름, 엄마 아빠의 이름은 물론이고 친구 이름도 가르쳐주자. 아이들이 가장 많이 접하는 글자는 바로 친구 이름이다.

'코끼리'라는 글자를 배워서 어디에서 읽을 수 있겠는가. 매일 동물원에 가지 않는 한, 코끼리가 나오는 책을 읽지 않는 한 코끼리라는 글자를 볼 일이 없다. 아이가 코끼리 어린이집에 다닌다거나 코끼리반이라면 물론 먼저 가르쳐야 한다.

아이가 가장 많이 접하는 단어부터 가르친다. 굳이 학습지로 글을 가르칠 필요가 없다. 친한 친구 사진과 이름을 보여주며 친구 이름부터 가르쳐주자. 이렇게 아이를 가르쳤더니 신발장에서 친구들 이름을 보고 익히고, 친구들 작품에 붙어 있는 이름을 보며 글을 뗐다. 아이들이 얼마나 영특한지, 신발장에 붙은 이름표를 읽지 못해도 누구 신발을 넣는 칸인지는 알고 있다. 이미 알고 있는 이름과 이름표의 이름을 연결해 글자를 빨리 떼게 된다.

나는 포스트잇에 친한 친구 세 명의 이름을 한 글자씩 적어놓고 섞은 뒤에 이름을 맞추도록 했다. 특별히 시간을 내 하는 것이 아니라 식당에 가서 밥을 기다리는 시간, 카페에서 음료를 기다리는 시간을 활용했다. 일주일에 한두 번만 알려줘도 된다. 글자에 관심이 생긴 아이는 어린이집에 있는 이름표를 보며 스스로 몇 글자를 알아 올 것이다.

카페에서 포스트잇으로 글자 놀이를 많이 했다. 아, 이, 스, 아, 메, 리, 카, 노를 한 글자씩 쓰고 섞은 뒤 메뉴판을 보면서 글자를 하나씩 순서대로 놓는 게임을 했다. 아이가 좋아하는 과자의 상표를 잘라서 한글카드로 사용하기도 했다. **글자를 배웠을 때의 효용을 일상에서 느끼게 하면서 가르쳐줘야 한다. 그래야 스스로 한글을 빨리 깨치게 될 것이다.**

도움이 될 만한 몇 가지 학습 자료와 교구를 소개한다. 꼭 필요한 것은 아니니 없다면 포스트잇으로 먼저 시작해 보자. 첫째 아이는 틀린 것을 지적하면 바로 고치는 아이였지만, 둘째 아이는 무조건 자기 말이 맞다고 우기기에 어쩔 수 없이 기계의 도움을 받았다.

✣ 소중한글

다양한 학습 프로그램과 교재가 있지만, 이 프로그램을 선택한 이유는 한 달에 37,000원이었기 때문이다. 아이가 지루해하면 그만둬도 괜찮을 만한 비용이었는데 생각보다 좋아하고 꾸준히 해서 100일 정도 잘 활용할 수 있었다. 지금은 가격이 변동되었으니 확인하고 선택하기를 바란다.

✣ TANGO탱고

자음과 모음을 놓고 플레이 버튼을 누르면 글자를 읽어준다. 자음과 모음을 엉뚱하게 놓으면 글자를 읽어주지 않는다. 같이 오는 카드도 있었지만, 그보다는 아는 글자를 놓고 소리를 듣는 용도로 활용했다. ㅏ, ㅓ, ㅗ, ㅜ같이 아이들이 헷갈리는 모음을 기계 위에 놓고 소리를 들어보며 구분했다. 내가 사는 남프랑스 시골에는 한글 학교가 없다. 동네 꼬마 친구들을 집으로 불러 한글을 가르쳤는데, 그때도 아이들이 수업 마지막에 탱고를 하겠다며 열심히 공부했던 기억이 난다.

가격이 저렴하지 않으니 충분히 고민해 보고 구입하기를 바란다. 둘째 아이가 자꾸 틀린 글자를 맞다고 우기기에 싸우느니 정확히 알려 주는 게 낫다고 판단해서 산 것임을 참고해 주기 바란다.

✣ 아하 한글 만들기

자음과 모음, 받침을 책장을 넘기며 조합해 보는 책이다. SNS에서 이런 원리를 이용해 교구를 만드는 자료 나눔을 본 적이 있는데 품질이 좋아서 깜짝 놀란 적이 있다. 하지만 나는 자료를 받아 코팅하고 오리고 만들어줄 자신이 없었다. 그리고 우리 집에서는 이상하게도 그렇게 만든 자료는 늘 어딘가로 사라졌다.

보드북이라 단단하고 책장에 꽂아두면 잃어버릴 일이 없다. 프랑스에서 한국어를 배우고 싶어 하는 외국인 친구에게 한국어를 가르쳐준 적이 있다. 그 친구는 『아하 한글 만들기』로 3일 만에 한글 읽기를 마쳤다. 추천하는 책이다.

억지로 보여주거나 훈련하듯 가르치지 말고, 친구 이름을 조합해 보고, 탱고에 놓아보고, 포스트잇으로 게임하며 알려주자. 글자에 관심을 가지기 시작하는 나이라면, 이런 자료를 주변에 놓아두고 아이가 관심을 보일 때마다 같이 활용하면 좋다.

신경 쓰는 부모가 신경 써야 할 것

둘째 아이가 다닌 프랑스 유치원은 오전 간식을 준비해 가야 했다. 개인 간식을 챙겨 오라는 선생님도 계셨고, 엄마들의 편의를 위해 당번을 정해 반 전체 간식을 보내라는 선생님도 계셨다. 작년 담임 선생님은 엄마들에게 당번을 정해주셨다.

달력에 크게 동그라미를 그리고 계속 생각했는데 막상 전날에는 까맣게 잊어버려 아이가 하교할 때쯤에서야 생각이 났다. 간식을 어떻게 했느냐고 아이에게 물어보니, 선생님께서 비상으로 챙겨둔 시판 콩포트를 먹었다고 했다.

콩포트는 마트에서 판매하는 과일 퓌레로, 진공 포장되어 있어 유통기한이 길다. 선생님은 콩포트를 몇 박스씩 사다 놓고 나 같은 엄마가 간식을 못 챙겨 보낼 때 아이들에게 나눠주신다고 했다. 나 같은 엄마가 또 있구나 싶어 안심되는 마음과 함께 담임 선생님이 나를 어떻게 생각하셨을까 걱정도 되었다. 아이와 아이 학교생활에 신경 쓰지 않는 엄마처럼 보였을까 봐 그날 저녁 내내 얼굴이 화끈거렸다. 나중에 돌이켜 생각해 보니, 간식을 제대로 챙겨 먹지 못한 아이들 걱정은 하지도 않고 그저 내 체면만 걱정한 꼴이 우스워 더욱 부끄러워졌다.

그런데 이곳에서 아이에게 신경 쓰지 않는 엄마처럼 보일 일은 간식을 챙겨 보내지 않은 날 정도뿐이었다. 그 외에는 신경 쓰지 않아도 된다. '여유'라는 이름으로 양육에 느슨한 마음을 갖는 것이 부럽고, 그런 느슨한 마음을 가질 수 있는 사회 분위기가 부럽고, 그래서 더욱 따라 하고 싶어진다.

한겨울에도 반바지를 입고 오는 아이가 있고, 낡은 운동화를 신어도, 낡은 책가방을 끌고 다녀도, 낡은 옷을 입어도, 브랜드가 없는 옷을 입어도 다 괜찮다. 아무도 신경 쓰지 않는다. 아무도 신경 쓰지 않기에 신경 쓰지 않는 엄마처럼 보일 일도 없다. 입고 싶은 옷과 어울리지 않는 이상한 신발을 신어도 엄마가 창피할 일은 없다.

아이가 ADHD가 있어도 괜찮다. 개학 날 교실 앞에는 아이들 명단이 붙어 있는데, 그 옆 비고란에 진한 글씨로 도움이 필요한 아이이며 ADHD가 있어 보조 선생님과 함께한다고 적힌 메모를 어렵지 않게 볼 수 있다. 당사자인 아이도, 그 아이의 부모도, 같은 반 친구들도, 다른 부모들도 아무도 신경 쓰지 않는다. 그저 다 함께 학교에 다니는 아이일 뿐이다. 만약 문제가 생기면 함께 해결한다.

큰아이는 매주 받아쓰기 시험을 보는데, 각 반 학생들을 수준별로 세 그룹으로 나눈다. 받아쓰기 시험을 보는 시간에는 그룹별로 모여서 받아쓰기 시험을 본다. 시험 결과에 따라서 다음 시험 그룹이 달라진다. 말하자면 우열반을 나눈 것이지만 아무도 그룹에 대해 신경 쓰지 않는다. 내가 얼마나 노력하느냐 그것만이 중요할 뿐이다. 이전의 내 점수보다 높은 점수를 받는 것이 아이들의 목표다. 이전의 나를 넘어서는 것이 늘 신경 써야 할 문제다. 그러니 남의 점수는 신경 쓰지 않는다. 매일 보는 수학 연산 시험 결과도 칠판에 붙어 있다. 아이의 점수표가 아니라 어제의 나보다 나아졌는지를 보여주는 결과표다. 어제 점수보다 높으면 이름 옆에 초록색이, 낮으면 노란색이 표시된다. 90점 받은 아이도 노란색을 받을 수 있고, 30점 받은 아이도 초록색을 받을 수 있다. 언제나 지난날의 내가 비교의 기준이 된다.

우리는 종종 남의 시선을 신경 쓰느라, 신경 쓰지 않는 부모처럼 보일까 봐 아이들을 체면 차리기의 희생양으로 만든다. 그 체면을 차리느라 부모도 지쳐가니 정작 신경 써야 할 것은 놓치고, 신경 쓰지 않아도 될 것을 우선순위에 둔다. 바로 남의 시선이다.

남의 시선에서 내려오면 아이들이 독립적인 아이로 자랄 수 있게 도와줄 수 있다. 입고 싶은 옷을 골라 입고, 삐뚤빼뚤하지만 자기 물건에 스스로 이름표도 만들어 붙일 수 있다. 가방에 준비물을 엉망으로 쑤셔 넣어도 스스로 챙길 기회를 줄 수 있다. 처음부터 끝까지 아이가 직접 한 만들기 숙제는 완성도가 조금 떨어지더라도 멋지다고 칭찬해주고 학교에 들려 보낼 수 있다. 받아쓰기 점수가 50점이어도 다음번에는 60점을 받을 수 있도록 진심으로 격려해 줄 수 있고, 아이가 하위 그룹에 들어가더라도 기쁜 마음으로 도와줄 수 있다. 아이가 실수로 물건을 떨어뜨려 깨트려도 다치지 않았는지 먼저 살피고 안아줄 수 있고, 아이가 ADHD여도 다른 부모와 눈을 마주하며 기쁜 마음으로 학급 행사에 참여할 수 있다. 남의 시선에 신경 쓰지 않으면.

남이 어떻게 생각할지를 신경 쓰면 정작 내 아이의 마음을 돌보지 못한다. 내 아이 속도에 맞게 천천히 걸어가도 되는 공부라는 길을 남의 시선에 맞춰서 뛰게 하지는 말자. 물론 나도 그 마음을 지켜내기 어렵지만, 이곳에 살면서 많이 내려놓고 배우게 된다.

남들처럼 잘하는 아이로 키우기 위해서 어떻게 해야 하는지, 어떤 학원에 가야 하는지가 아니라, 내 아이와 내 행복에 집중하려면 어떻게 해야 하는지 공유하고 나누는 부모들이 많아졌으면 좋겠다. 그래서 아이들이 '진짜 공부'를 했으면 좋겠다.

진짜 신경 쓰는 부모라면 아이에게 가르쳐야 할 것이 무엇인지 한번 돌아보자. 신경 쓰는 부모가 되기 위해 좋은 브랜드의 옷, 비싼 신발, 잘 정리해서 담아준 준비물, 잘 묶은 머리, 멋진 여행지를 고민해야 하는 건 아니다. 이전의 나보다 나아지는 법, 진정한 행복을 찾는 여정을 걷는 법, 가족이 함께 행복해지는 법, 내 삶을 충만하게 사는 법을 고민해야 한다. 그 과정에 학교에서 배우는 학업의 중요성을 가르쳐줄 수 있는, 정말 신경 쓰는 부모가 되기를 바라는 마음이다. 나 또한 그런 부모가 되고 싶다.

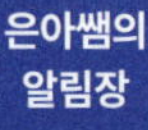

학원 레벨 테스트 똑똑하게 활용하기

사교육 기관은 레벨 테스트가 필수다. 돈을 내고 배우러 갔으니 돈값을 해야 한다. 학습 효과는 아이의 현재 수준에 맞는 반 편성에서 결정된다. 더 높은 레벨을 받기 위해 무리하기보다, 아이의 학업 수준과 배경지식에 맞는 반에 편성되는 것이 학습 효율을 높인다.

수업은 반의 평균 수준을 기준으로 진행되므로, 아이의 이해 수준과 맞지 않으면 수업 내용을 따라가기 어렵다. 낮은 반에 들어갔다고 부끄러워하는 마음은 부모 사정일 뿐, 아이의 학습과는 무관하다. 아이는 자신의 수준에 맞는 반에서 '제대로' 된 설명을 듣고, '제대로' 배워 와야 한다. 아이의 수준에 맞는 설명과 학습 방식이 제공될 때 학습 효과는 커진다.

낮은 반에 편성되었다는 이유로 아이에게 '공부 못하는 아이'라는 꼬리표를 붙일 필요는 없다. 공부는 성적 이전에 태도와 자신감의 문제다. 아이의 수준에 맞는 난이도에서 시작한 학습은 이해도를 높이고, 반복되는 성취 경험을 통해 스스로 해낼 수 있다는 감각을 키운다. 자신의 수준에 맞는 설명과 학습 방법은 아이 학습에 날개를 달아주고, 자신감을 키워 공부에 즐거움을 느끼게 한다.

나와 아이 분리하기

등굣길과 하굣길에 아이 학교 앞은 주차 전쟁이다. 학교에서 걸어갈 만한 거리에 사는 아이들도 있고, 우리처럼 20분 정도 걸리는 친구들도 있고, 50분이나 걸리는 아이들도 있다. 한국에서는 근처에 사는 친구나 같은 아파트에 사는 친구끼리 모여서 학교에 가고 마치면 같은 학원 친구들끼리 하교하지만, 이곳에서는 모두 차로 데려다주고, 모두 차를 타고 집으로 돌아간다.

프랑스의 집은 우리네 주택과는 달리 대문을 마주하지 않고 담이 높다. 우리처럼 불도 환하게 켜지 않아 집에 사람이 있는지 없는지도 잘 모른다. 동네에는 놀이터도 없어 아이들이 삼삼오오 모여서 노는 모습을 보기가 어렵다. 그래서 플레이데이트나 슬립오버 문화가 활발하다. 부모가 서로 아는 집끼리, 친한 아이끼리 약속을 정하면 친구네 집으로 데려다주고, 데리러 간다. 방과 후에 아이들이 모여서 놀려면 엄마들끼리 번호 교환은 필수다.

그런데 우리가 살고 있는 집은 운이 좋게도 사정이 다르다. 언덕 위에 주인집이 있고, 그 아래 여섯 채의 월세 주택이 모여 있다. 우리나라로 치면 타운하우스 같은 느낌이다. 프랑스의 일반 주택과는 달리 집이 모여 있어서 이웃을 만나기 쉽다. 옆집에는 또래 미국 친구들이 살았고, 윗집에는 또래 프랑스 친구들이 살았는데, 사교적인 친구들 덕분에 대문과 차고 문을 활짝 열어놓고 살았다. 미국 자매 두 명, 프랑스 자매 두 명, 우리 자매 두 명이 매일같이 만나 이집 저집 마당을 돌아다니며 놀았다.

윗집에 살았던 프랑스 친구들 이름은 이리스와 알마다. 어느 날 우리 집에 왔다가 그림을 그려놓고 갔는데, 정리하다가 그 그림 솜씨에 깜짝 놀랐다. 초등학생이 그렸다고 하기에는 창의적이고 기술적으로도 재능이 돋보였기 때문이다. 아이들은 놀다가도 저녁 시간이 되면 "얘들아, 밥 먹어!" 하는 소리에 각자 집으로 돌아가고는 했는데, 하루는 이리스 엄마가 아이들을 데리러 왔다.

"이리스가 그린 그림을 봤어요. 세상에 어쩜 그렇게 그림을 잘 그려요?" 내가 이렇게 칭찬하면 보통 한국 부모님은 "어머! 아니에요. 잘 그리긴요. 애들은 원래 다 잘 그리잖아요."라든가, "미술학원에서 잘 배워서 그런가 봐요." 하고 칭찬에 대한 감사 인사를 전한다. 그런데 이 프랑스 엄마의 대답은 참신했다.

"그렇죠? 우리 이리스는 그림 그리기에 재능이 있어요. 어렸을 때부터

남다른 감각을 보였고, 지금은 그 능력을 좀 더 발전시켜 주려고 미술학원에도 보내고 있어요."

"저도 그렇게 생각해요. 멋진 재능을 가지고 태어났네요." 하고 대답하고는 퇴근하고 온 남편에게 이 대화를 전했다. 내 경우에는 누군가 우리 아이를 칭찬하면 마치 나를 칭찬하는 듯한 느낌이 들어 부끄러운 마음에 아니라고 했다. 아이와 나를 다른 사람이라고 생각하지 못했다. 이리스 엄마의 대답을 곱씹어보니, 아이의 재능을 인정한다는 것은 나와 아이를 분리해 독립된 사람으로, 아이를 있는 그대로 바라본다는 뜻이었다.

아이는
나의 성적표가 아니다

예를 들어, 누군가 내 친구를 칭찬한다고 생각해 보자. "네 친구 은영이 있잖아. 그 친구 어쩜 그렇게 요리를 잘해?" 그럴 때 우리는 "어머, 아니야. 잘하기는. 누구나 그 정도는 하잖아. 요리학원 다녀서 그렇대."라고 하지 않는다. "맞아! 그 친구는 정말 요리에 소질이 있어." 라고 한다. 나와 친구를 독립된 각각의 사람으로 생각하기 때문이다. 아이도 그렇게 바라봐야 한다.

우리가 아무리 최선을 다해 키운다고 해도 아이는 자신의 속도와 방향으로 자란다. 아이를 나의 연장선이 아니라 나와 동등한 다른 존재로 인정해야 한다.

우리는 부모인 나와 아이를 분리되지 않은 같은 사람으로 생각하기 쉽다. 아이의 모습을 내 양육의 성적표처럼 생각하기에 아이에 대한 칭찬을 나에 대한 평가처럼 듣는다. 단점도 마찬가지다. 아이의 문제점에 대해 들으면, 모든 것이 내 탓인 것 같아 마음이 불편하다. 워킹맘은 아이에게 생기는 여러 가지 일을 '내가 일을 해서 그런가.' 하고 자책하는데, 전혀 아니다. 물론 일부 문제 있는 부모의 양육 태도는 아이의 문제 행동을 만들지만 대부분의 아이에게 나타나는 작은 문제 행동은 내 양육의 성적표가 아니다. 아이의 문제를 객관적으로 바라보고 부모가 무엇을 도와야 할지를 고민해야 진정으로 아이를 도울 수 있다. 물론 나도 어려운 부분이다.

나와 아이를 분리하면 칭찬도 문제 행동도 오롯이 아이의 몫이 된다. 아이의 학업과 성장을 돕기 위해서는 건강한 분리가 필요하다. 아이의 강점과 약점을 객관적으로 바라보고 아이를 있는 그대로 인정해야 한다. 아이가 자신의 가능성에 집중하며 강점을 키워가는 데 집중하도록 말이다.

내 아이에게 부족한 게 무엇인지는 학교 선생님을 찾아가서 상담해 보자. "무엇이 부족한지 솔직하게 말씀해 주시면, 가정에서 도와주려고 해요." "지금 학업과 생활에서 무엇을 더 채워줘야 할지 말씀해 주시면 아이에게 도움이 될 것 같아요."라고 상담 신청을 하면 된다.

프랑스의 성적표는 매우 객관적이고 솔직해서 이런 부분은 잘하고 있고, 이런 부분은 고쳐야 하며, 이런 부분은 가정에서 도움이 필요하다고 적혀 있다. 내 아이에게 무엇이 부족한지를 알아야 도와줄 수 있다. 한국은 최대한 좋은 말과 장점만 적어주는데, 어떤 것이 아이의 성장을 위한 방법인지 진지하게 생각해 봐야 할 때가 아닐까 싶다. (학교 상담에 관한 내용은 부록에 좀 더 자세히 실어두었다. 학부모 상담을 앞두고 있다면 꼼꼼하게 읽어보기 바란다.)

우리 문화에서는 이리스 엄마처럼 말하는 것이 쉽지 않다. 하지만 이제 누군가 아이를 칭찬할 때, 옆에 아이가 있다면 "감사합니다." 하고 대답해 보는 것은 어떨까. 아이도 자신의 재능에 뿌듯함을 느끼며, 장점으로 삼아 더 잘 해내려고 노력할 것이다.

공부하는 태도를 만들어주는 부모

작년에 잠시 한국을 방문했을 때, 강연장으로 찾아온 제자와 학부모님을 만났다. 초등 1학년과 3학년, 2년이나 담임을 맡았던 학생이었고, 양육자로서 나의 태도를 돌아볼 수 있게 해주신 학부모님이라 더 특별하고 감사한 인연이다.

강연을 마치고 잠시 카페에서 소회를 풀었는데 그 잠깐 사이에도 학부모님께 배울 점이 많았다. 아이가 궁금한 것을 질문하면 곧바로 대답하지 않고 "○○는 왜 그렇다고 생각해?" 하고 다시 질문하셨다. 아이가 스스로 생각해 볼 기회를 주는 것이다.

스스로 음료를 주문할 수 있도록 하고, 감사 인사를 전하고, 음료가 나왔을 때도 아이가 쏟지 않도록 옆에서 지켜보며 직접 가져오게 하셨다. 메뉴에 오곡 라테가 있었는데 작은 아이가 "엄마, 오곡 라테가 뭐야?" 하고 물으니 "사장님께 직접 여쭤볼까?" 하고 아이가 질문할 수 있게 하셨다. 결제 카드도 두 손으로 직접 드려보고, 다 먹은 음료도 스스로 정리하게 하셨는데, 이 모든 과정이 자연스러웠다.

학교에서도 아이는 궁금한 것이 있으면 쉬는 시간에 와서 공손히 질문했고, 수업 시간에도 늘 바르고 성실한 태도로 참여했다. 수줍음이 많은 아이였지만, 항상 도전해 보려고 했고, 실수를 두려워하지 않았으며, 무엇이든 배우려고 했다.

어느 날에는 영화 〈예스 데이!〉에 관한 글짓기를 하고, 집에 가서 실천해 보라는 숙제를 내준 적이 있다. 〈예스 데이!〉는 24시간 동안 아이들이 제안하는 어떤 일이든 부모가 "예스"라고 답하며 함께 해주는 내용의 넷플릭스 영화다. 아이들의 말에 절대 반대하지 않고 무엇이든 들어주면서 사건이 벌어지는 좌충우돌 코미디인데, 이 영화 내용을 반 아이들과 함께 실행해 보기로 했다. 먼저 학부모님들께 양해를 구하고, 아이들과 실현 가능한 범위 내에서 아이디어를 모았다.

아이들의 예스 데이는 내가 생각한 것보다 소박해서 마음이 뭉클했다. 아이들이 원하는 것이 이렇게 작은 것이었다니 싶어 귀엽기도 하고 짠하기도 했다. 기억에 남는 것은 일요일 아침에 등산갈 때 엄마도 같이 가기, 밤에 다 같이 라면 먹으면서 〈런닝맨〉 보기, 엄마 아빠와 함께 휴대전화로 게임하기 등이었다. 부모님들이 주말에 인증 사진을 보내주셨고 아이와 좋은 시간을 함께할 수 있었다며 고맙다는 문자를 많이 받았다.

강연장으로 찾아온 제자는 가족과 함께 유튜브 찍기를 적었는데, 며칠 뒤 어머니께 문자가 왔다. 아이가 이런 것을 해보고 싶어 하는지 몰랐는데 알게 되어 너무 감사하다고. 마침 도서관에 유튜브 촬영과 편집에 관한 강좌가 있어 가족 모두가 등록해 주말마다 함께 듣고 있다고도 했다. 아이가 왜 공부를 잘할 수밖에 없는지 알게 되었다. 바로 환경이었다. 아이는 전교 회장 선거에도 나가고 지역 대표 학생회에도 참가한다며 "저는 국제중학교에 입학하고 싶어요."라는 포부를 전했다. 추첨제라서 안 될 수도 있다는 아이의 말에, 나는 결과는 중요하지 않다고, 너의 큰마음과 목표가 너를 성장하게 할 것이라고 일러주었다.

공부를 잘하는 아이의 부모는 지식을 직접 가르치기보다 공부하는 환경과 태도를 만들어준다. 짧은 상담 시간에도 부모가 아이를 대하는 태도는 분명히 드러난다. 공부 머리는 유전된다는 말도 있다. 지능이나 성격, 집중력이나 기억력 등은 어느 정도 유전적인 요소가 영향을 미친다는 연구 결과도 있다. 하지만 분명한 것은 영향은 주되 결정은 하지 않는다는 사실이다. 교사로 근무하며 공부 잘하는 아이의 뒤에는 성실한 부모님이 계신다는 것을 경험했다. 성실하게 살아온 부모는 학교생활을 어떻게 해나가야 하는지를 일상에서 자연스럽게 보여주고, 아이는 그 모습을 배운다. 좋은 태도를 몸으로 익히니 공부를 잘할 수밖에 없다.

부모가 아이에게 줄 수 있는 환경은 대단한 것이 아니다. 대신 해주는 손길 대신 스스로 해볼 기회를 주는 것이다. 질문에 바로 대답해 주는 대신 되묻고, 결과보다는 과정을 바라보고, 서툰 행동도 끝까지 해내도록 지켜보는 것. 이런 환경에서 자란 아이는 도전을 두려워하지 않는다. 실수에서 배우고 배운 것을 적용해 성장한다. 일상에서도, 학습에서도 이러한 태도는 아이를 성장하게 한다. 성실하지 못한 부모를 보고 자란 아이는 학습 습관이 없고, 틀린 것을 계속 혼나며 자란 아이는 좌절감을 견디지 못한다. 집중할 수 없는 환경에서 자란 아이는 집중해 본 경험이 없어 어떤 환경에서 집중할 수 있는지 알지 못한다.

공부 머리는 곧 공부하는 태도다. 말로만 열심히 해야 한다고 해서는 자라지 않는다. 카페에서 음료를 주문하는 순간에도, 가정에서 저녁을 함께 차리는 순간에도 자란다. 부모가 만든 일상의 작은 교실이 모여 아이의 태도를 만들고 공부하는 자세를 만든다. 공부 잘하는 아이로 만드는 환경은 좋은 학원과 문제집을 찾아주는 데 있지 않다. 책상 밖에서 배운 태도가 책상 앞 자세를 결정한다.

2장

내 아이에게 심어줄 마음가짐

자기 자신을 믿는 마음

"저 믿어주신다면서요. 아, 제발요! 제가 알아서 할게요."

후우 길게 숨을 내뱉고는 방을 나선다. 그러지 않으면 전쟁이 날게 불 보듯 뻔하기 때문이다. 이집 저집 속 타는 냄새가 풍기고, 어디선가는 펑 하고 터지는 소리가 난다. 예전에는 아이가 중학생쯤 되어서야 나던 그 냄새가 이제 초등학교 4학년 정도면 나기 시작한다. 복장 터지는 소리를 얼마나 하는지 모른다.

"그래, 너 알아서 해." 하고 좋게 마무리 지으면 좋으련만, 그 마지막 "해"에 힘이 들어가고, 그다음 말은 목구멍을 틀어막아도 새어 나온다. 애써 닫았던 방문을 다시 열고 "뭐? 네가 알아서 해? 그래! 다 너 알아서 해. 이제부터는 엄마한테 묻지 마. 왜? 아예 나가서 살지? 나가서 너 하고 싶은 대로 하고 살아! 똥 기저귀 갈아가며 키워놨더니 말하는 것 좀 봐. 나가! 짐 싸서 나가!" 하고 퍼붓고 나면 돌아서자

마자 후회만 남는다.

아이가 부모에게 의존도가 가장 높은 시기는 언제일까? 대부분 유아기라고 답할 텐데, 사실은 사춘기라고 한다. 생각해 보면, 유아기에는 "내가 할 거야!"라고 고집을 부리고, 조금만 도와줘도 생떼를 쓰고 운다. 엘리베이터 버튼을 자기보다 먼저 눌렀다고 그 앞에서 누워버리지를 않나, 바나나 껍질은 꼭지만 살짝 따야 하는데 다 벗겼다고 새로 달라고 하지를 않나. 가장 독립적이고 싶어 하는 시기는 오히려 유아기다.

초등학교에 들어가면 그렇게 착하고 성실하던 아이는 온데간데없다. 양말을 신겨달라는 둥, 양치를 해주면 안 되냐는 둥. 정리 노래만 틀면 가벼운 엉덩이를 착 들고는 장난감을 정리하던 그 아이는 먼 과거 속에 살고 있을 뿐이다. 월요일에 쓴 컵, 화요일에 먹은 과자 봉지, 수요일에 먹은 아이스크림 껍데기, 목요일에 먹은 사탕 봉지, 금요일에 마신 캔이 책상 위에 줄 서 있는가 하면, 그걸 치우려고 방문이라도 열면 "아, 내가 알아서 치운다고요!"라고 하니, 더 이상 말하지 않겠다. 혹시라도 지금 유아기 아이를 키우고 있다면 아이에게 고맙다고 한 번 더 이야기해 주시기를.

부모에게 벗어나고 싶어 하면서도 가장 의존적인 시기가 사춘기다. 최근 여자아이들의 경우 만 10세부터 사춘기가 시작되는데, 초등 3, 4학년에 사춘기가 오는 것은 정상범위에 해당한다. 초등 저학년 학부모라면 미리 마음의 준비가 필요하다. 하루에도 열두 번씩 '뭘 어쩌라는 거야, 대체!'라는 생각이 든다. 알아서 다 한다고 해놓고, 알아서 하는 것 하나 없는 상태. 내 마음까지 어지럽다. 이런 현상이 바로 나타나는 건 아니고 초등 1학년 때부터 서서히 나타나기 시작해 사춘기가 되면 절정에 달한다.

어른이 되고 싶어 하는 나이, 그렇지만 세상으로 나아가는 게 무서운 나이다. 알아서 해보고 싶지만, 뒷감당할 자신은 없는 나이. 그래서 아이들이 가장 듣기 싫은 말이 "나는 신경 안 쓸 테니 너 알아서 해라!"다. 자, 이제 다 같이 외우자.

"그래, 네가 계획을 잘 세워서 한번 해봐. 그리고 혹시라도 문제가 생기거나 잘못되면 엄마, 아빠한테 말하고. 무엇이든 도와줄게. 잘못되면 엄마, 아빠가 다 해결해 줄 거야. 그러니 한번 해봐."

이런 말을 할 수 있으려면 믿음이 쌓여야 한다. 부모가 아이에게? 아니다. 아이가 스스로를 믿어야 한다. 아이가 어릴 때부터 스스로 해보는 경험을 쌓아야 자신에 대한 믿음이 생긴다. 작은 실패에서 작은 성공까지 스스로 해내며 깨우치는 일이 많아질수록 아이는 자신에 대한 믿음을 차곡차곡 쌓아간다.

예를 들면, 유치원에서 가방을 스스로 챙긴 아이는 학교에 입학해서도 자기 가방을 알아서 챙긴다. 입학 준비물 리스트를 아이에게 맡기고 함께 문구점에 가보자. 아이가 직접 준비물을 고르고 이름표도 붙이며, 책가방에 하나씩 챙기는 모습을 본 부모라면 아이에게 자연스럽게 믿음이 생긴다. 아이 역시 '스스로 할 수 있다'라는 자신감을 얻어, 준비물 정도는 충분히 혼자 챙긴다.

학교 공부도 마찬가지다. 처음에는 서툴겠지만, 아이가 점점 발전하는 모습을 보면 아이에게 믿음이 생긴다. 아이도 스스로 해내겠다는 책임감을 느끼고 자신에 대한 믿음을 키워간다. 그렇게 아이는 자신을 믿고, 그런 아이를 부모도 믿게 된다. 그러면 "네가 계획을 잘 세워서 해봐. 너는 잘할 수 있을 거라고 믿어!"라는 말이 진심으로 나온다.

아이가 스스로 해볼 기회를 한 번도 주지 않은 채, 부모가 늘 뒤에서 종종거리며 챙겨주다가 어느 날 갑자기 너를 믿으니 스스로 해보라고 하는 건 부모의 욕심일 뿐이다. 아이에게 걷기를 가르치지 않고 애지중지하며 안고만 다니다가 무거워졌으니 "이제 엄마는 네가 걸을 수 있을 거라고 믿어!" 하면서 길거리에 세워놓는 것과 같다. "왜 못 걸어?" "왜 넘어져?" "내가 너를 믿는다고 했잖아."라는 말은 소용없다. 아이는 한 발짝도 걷지 못할 것이다. 수천 번 넘어지고, 일어나고, 스스로 걷는 방법을 익혀야 걸을 수 있다. 기회를 주고, 기다려야 한다. 실수를 통해 배울 때까지.

공부는 더 어려운 문제다. 생각해 보자. "어머니, 제가 지금부터 두 시간 동안 방에 들어가서 문제집을 열심히 풀겠습니다." 하는 아이가 있는가? 두 시간 동안 어떤 것에도 한눈팔지 않고 집중해서 문제집만 풀 수 있는 어른도 잘 없다. 스스로 해보는 다양한 일상의 경험을 통해 믿음을 쌓고 나서 비로소 공부와 학습에 대한 믿음을 만들어야 한다. 특히 초등 저학년은 그런 시기다. 아이의 걸음마를 기다릴 줄 알았던 부모라면 이 시기도 기다릴 수 있다.

고등학생을 키우는 부모님도, 입시 컨설턴트도 입을 모아 말한다. 초등학생은 시간이 많다고. 이 시간을 어떻게 보낼지는 부모가 결정해야 한다. 눈앞의 성과와 성적만 보느라 아이가 스스로에게 믿음을 만들어야 하는 시기를 놓치지 않기를 바란다. 그래야 우리도 아이를 믿고, 사춘기에는 더 큰 세상을 향해 가도록 놓아줄 수 있다.

부모가 "너는 할 수 있어! 우리는 너를 믿어! 너도 자신을 믿어봐!" 라고 말한들 아이에게 자신감이 만들어지지는 않는다. 진정한 자신감을 만들 수 있도록 초등 저학년 시기까지는 무엇이든 스스로 할 수 있게 기다려주자. 이때 받은 성적은 아무 데도 쓸 데가 없지만, 이 시기에 만든 자신을 믿는 마음은 평생 이어진다.

은아쌤의 알림장

공부의 믿음을 쌓는 '스스로 하는 받아쓰기 채점'

받아쓰기 연습을 할 때는 부모가 채점해 주지 말고, 아이가 스스로 채점해 보게 하자. "네 공부는 네 것이며, 네 책임이다."라는 메시지를 전하는 첫 단계다. 받아쓰기는 초등 입학 이후 아이가 처음 마주하는 시험이다. 이 출발을 어떻게 경험하느냐는 이후의 학습 태도에까지 영향을 준다. 시험을 본 뒤 틀린 것이 아쉬워 우는 아이와 혼날까 봐 우는 아이의 차이는 분명하다. 전자는 끝까지 공부해 낼 힘을 기르고, 후자는 부모의 기대를 채우기 위한 일로 공부를 받아들이기 쉽다.

공부에 대한 책임을 아이에게 돌려주면, 결과가 어떻든 끝까지 해내는 힘과 스스로를 믿는 마음이 자란다. 아이가 채점할 때 부모는 옆에서 과정을 지켜보되 개입하지 않는다. 무엇을 틀렸는지 스스로 확인하고, 틀린 점을 아쉬워하며, 다시 고쳐보고 채점하는 경험을 반복하는 것이 중요하다. 이 과정을 통해 아이는 성취의 기쁨과 함께 공부하는 방법과 태도를 배운다. 스스로를 믿어가는 과정의 시작이다.

빛나는 아이의 차이, 자조 능력

"얘들아, 어제 선생님이 가위랑 테이프 가져오라고 했지요? 가방에서 꺼내볼까요?"

"선생님, 저는 없어요."

"선생님, 저도 엄마가 안 챙겨줬어요."

"천천히 다시 한번 찾아볼까? 선생님이 찾는 것 도와줄게."

준비물이 없다고 말하는 아이에게 가서 함께 가방을 찾아보면 언제나 준비물이 들어 있다. 예쁜 이름표까지 붙여서 귀여운 지퍼백에 가지런히 담긴 준비물 봉투를 아이들은 찾지 못한다. 왜냐하면 엄마가 챙겨 넣었기 때문이다.

1학년 담임 시절에 만난 두 아이가 기억에 남는다. 두 아이 모두 한글을 모르고 입학했다. 하지만 두 아이는 빛이 달랐다. 한 아이는 수업 시간마다 눈빛이 반짝였다. 한글을 쓰지는 못했지만 운동화 끈을 스스로 맬 줄 알았고 책상 정리도 잘하는 아이였다. 학기 초 학습지에 이름을 쓰라고 했는데, 이름을 제대로 쓰지 못했다. 다음 날에는 바로 이름 쓰는 법을 배워와 학습지에 반, 번호, 이름을 써냈다. 내가 일일이 말하지 않아도 다음 수업 시간에 필요한 준비물을 알아서 꺼내놓았다. 다른 아이들이 예쁜 지퍼백에 가지런히 준비물을 챙겨올 때, 이 아이는 비닐봉지에 아무렇게나 넣은 준비물을 챙겨왔는데, "가방에서 준비물 꺼내세요." 하면 스스로 꺼내는 아이는 이 아이였다. 다른 아이들은 부모님이 준비해 주었기에 가방에 들어 있는지조차 모를 때도 많았다. 일상생활의 독립은 학습의 독립으로 이어진다. 일상의 독립이 선행된 아이는 누구보다도 빠른 속도로 학습을 따라온다.

다른 한 아이도 똑같이 한글을 모르고 입학했지만, 2학년에 올라갈 때까지 학습에 어려움을 겪었다. 한글 습득이 아직 온전하지 않은 학생들을 대상으로 방과 후에 담임 선생님과 한글을 배우는 프로그램이 있었다. 부모님께 권유했지만 아이의 자존감이 떨어질 것을 우려해서 참여하지 않겠다고 하셨다. 아이는 학교에서 필요한 한글 습득이 아닌, 사교육에서 가르치는 한글 습득으로 재미도 잃고, 흥미도 잃고, 자신감도 잃었다. 첫 번째 아이가 학교에서 어떤 공부가 필요한지 스스로 깨닫고(그래 봐야 이름 쓰는 방법이나 내일 챙겨갈 준비물, 숙제가 무엇인지를 아는 것뿐이지만), 집에서 잘 준비해 학교에 재미를 붙여갈 때, 이 친구는 학교에서 해야 하는 것도 잘 따라오지 못했고 사교육도 버거워했다. 아이는 늘 단정했고, 좋은 옷을 입었으며, 준비물도 빠뜨린 적이 없었지만, 빛이 없었다.

교직 경력이 오래된 선배 선생님들은 아이들을 보면 한눈에 어떤 아이인지 파악하곤 하셨는데, 아이들의 눈빛부터 다르다고 하셨다. 단원평가에서 높은 점수를 받고, 공부를 잘하는 아이 중에도 생기가 없는 아이들이 있다. 당장 눈에 보이는 성적이 낮아도 생기로 빛나는 아이들이 있다. 고학년에 더욱 빛을 발할 아이들이다.

학습 연령이 낮아지면서 초등학교 1학년 때부터 3, 4년씩 수학 선행을 하고 영어 단어를 줄줄 외우는 아이는 많다. 하지만 혼자서 요거트 뚜껑을 따고, 운동화 끈을 묶고, 외투를 접어 정리하는 아이는 많지 않다. 학기 초에는 선행학습을 한 아이가 공부를 잘하는 것처럼 보이지만, 고학년이 되면 달라진다. 1학년 담임을 오래하다 보니 아이들이 6학년까지 크는 모습을 지켜볼 수 있었는데 끝내 공부를 잘하는 아이들은 언제나 후자였다.

빨리 하는 아이보다
오래가는 아이

공부 잘하는 아이는 무엇이 다를까. 부모라면 누구나 품는 질문이다. 많은 부모님이 그 답을 찾기 위해 자녀 교육서를 읽고, 강연과 영상을 찾아본다. 학교에서 아이들을 지켜본 결과, 공부 잘하는 아이들의 공통점은 의외로 단순했다. 무엇이든 스스로 할 줄 안다는 것이다. 나는 이 능력을 '자조 능력'이라 부른다. 이 자조 능력을 갖춘 아이들에게서 반짝이는 빛을 본다.

자조 능력이란 다른 사람의 도움 없이 일상에서 마주하는 과제를 수행하는 능력이다. 자조 능력을 갖추지 못하고 학교에 입학하는 아이들은 체육 시간에 운동화 끈이 풀어졌다고 울고, 화장실 뒤처리를 혼자 하지 못해 수업 시간 내내 화장실 걱정을 하다가 집에 다녀오기도 한다. 간단한 숙제도 부모의 도움을 받거나 학원의 도움을 받아야 한다. 특히 초등학교 저학년은 학교에서 공부를 못하는 것보다 일상생활을 잘 해내지 못하는 것을 더 두려워한다. 아이들이 공부에 집중하지 못하는 이유다.

요즘은 부모님 도움 없이는 학교생활이 불가능한 아이들이 많다. 부모님이 아이와 늘 함께 학교에 다닌 까닭이다. 아이 수업에 필요한 준비물부터 교우관계, 학업까지 늘 부모가 챙겨주는 환경에서 자라면 늘 누군가의 도움에 의존할 수 밖에 없다.

아이가 공부를 잘했으면 좋겠다면, 기본적인 자조 능력부터 점검해 봐야 한다. 스스로 일상생활을 처리해 낼 수 있는 자조 능력은 아이에게 자신감을 주고 학업에 집중하게 한다. 그런 아이는 학교에 와서도 잘 적응한다. 초등 공부의 성과와 목표는 성적이 아니라 태도다. 태도를 갖추어야 중고등학교에서도 스스로 공부할 수 있다. 우리가 말하는 자기주도학습은 초등에 준비해 중고등학교에서 실천하는 것이다. 자조 능력이 있어야 성인이 되어서도 직접 문제를 해결하고 주도적으로 공부하는 힘을 발휘할 수 있다. 초등학교 때는 영어 단어 하나 더 외우고, 연산 속도를 빠르게 하고, 단원평가나 받아쓰기 100점 받는 데 집중할 게 아니다. 일상생활의 자조 능력을 길러 학습의 출발에 자신감을 느끼게 하고, 공부하는 태도와 힘을 기르는 것이 가장 중요한 핵심이다.

작은 성공이 키우는 자기효능감

나는 아이들과 여행을 자주 다닌다. 단거리 여행, 당일치기 여행부터 13박 14일 여행에 이르기까지 1년에 몇 번씩 여행을 떠난다. 자주 여행을 떠나니 가장 번거롭고도 큰 짐이 있다면 바로 아이들인데, 집에 두고 갈 수 없는 짐이니 어떻게 하면 여행에 도움이 되도록 훈련시킬 수 있을지 고민했다. 결론은 나이와 관계없이 여행자로서의 몫을 다하게 하는 것!

'팬티 3개, 양말 3개, 잠옷 1벌, 티셔츠 3개, 바지 3개. 그 외 여행에 가져가고 싶은 물건 챙기기' 여행을 떠나기 전에는 늘 리스트를 작성해 주는데, 아이들이 챙길 수 있는 준비물 리스트를 작성해 주면 캐리어에 스스로 짐을 챙긴다. 물론, 아이들이 챙긴 옷을 보고 있자면 돌아가신 엄마가 생각난다.

"너는 어디 가려고 하면 멀쩡한 옷 놔두고 꼭 이상한 옷을 챙기니!"

나도 그랬나 보다. 남편은 지금도 그런다. 아이들도 마찬가지다. 아이들이 잠든 사이 캐리어를 확인해 보고, 부족한 짐이나 옷은 내 캐리어에 좀 더 챙겨 담는다. 며칠 전 막내에게 몇 박 며칠의 의미를 알려주었다.

"이번 여행은 7박 8일인데, 일곱 번은 숙소에서 잘 거고, 여덟 번째 날에 집으로 돌아올 거야. 그러면 우리가 숙소에서 몇 번 샤워하지? 우리가 자기 전에 샤워하잖아. 일곱 번 자니까?"

"일곱 번!"

"옳지, 그러면 갈아입을 속옷은 몇 개 챙겨야 해?"

"일곱 개!"

"숙소에서 샤워해야 하니까 준비물은?"

"샴푸, 린스, 보디워시, 수건!"

"양치도 해야 하잖아?"

"치약! 칫솔!"

"자, 종이에 하나씩 쓰고 챙겨와."

물론 처음에는 아이가 챙긴 짐이 마음에 들지 않았다. 몇 년 훈련하고, 가르쳐주고, 내가 하는 것을 보면서 아이들이 배워나갔다. 이제는 지퍼백에 세면 도구를 착착 챙겨 담고, 속옷과 양말은 정리함까지 챙겨 캐리어에 정리한다. 입을 옷도 잘 개서 접어놓는다. 리스트를 써주지 않아도 큰아이는 알아서 한다. 둘이 머리를 맞대 리스트를 적고 여행 3, 4일 전부터 알아서 짐을 싼다. 물론 큰 체스판을 캐리어에 넣는 걸 볼 때면 살짝 머리가 아프다.

여행을 다녀와서도 제 몫을 해내야 한다. 자신의 캐리어는 각자 정리하는 것이 원칙이다. 가져왔던 물건은 제자리에 놓는다. 아주 늦은 밤에 도착하지 않는 한, 여행에서 돌아오자마자 짐을 정리하는 게 우리 집 규칙이다. 모두가 짐 정리를 마치면, 나는 집 정리, 남편은 간단한 음식 준비, 큰아이는 청소기, 막내는 물걸레질을 한다. 한 시간 반 정도면 짐 정리와 청소, 샤워, 식사까지 마무리되고 일상으로 돌아간다.

아이들이 짐을 엉망으로 챙겨도, 돌아와서 잘 정리하지 못해도 그대로 둔다. 엉망으로 접어둔 수건도 그대로 수납장에 넣고, 같이 요리하다가 주먹만 하게 썰어놓은 애호박도 된장찌개에 그대로 넣는다. 짐을 잘 챙겼으면 좋겠고, 수건도 네모반듯하게 접었으면 좋겠지만 그대로 둔다. 성공 경험이기 때문이다. '자기효능감'이란 스스로 과제를 해결하며 목표를 달성할 수 있다고 믿는 마음이다. 자신의 행동이 가족의 일상에 도움이 될 때, 자신의 역할이 어딘가에 귀하게 쓰이고 있다는 사실을 발견할 때 아이들의 자기효능감은 물론, 자존감도 자란다.

정서적 안정감을 바탕으로 스스로 무언가를 해내는 과정, 그리고 실수를 회복해 가는 과정에서 아이들은 자기효능감과 자존감을 키운다. 자기 능력에 대한 믿음을 쌓는 것이다. 일상의 다양한 경험을 통해 작은 성공 경험을 쌓고 자기효능감을 키워야 학습에서도 어려운 문제를 해결해 나갈 자신감을 얻는다.

자기효능감이나 자신감, 자존감은 "너는 최고야!" 같은 무조건적인 칭찬이나 인정으로 자라는 것이 아니다. 고사리 같은 손으로 집안 일에 참여해 얻는 성공 경험과 일상에서 작은 도전을 하면서 '나는 잘할 수 있는 능력이 있는 사람'이라는 믿음을 쌓은 아이는 자연스럽게 긍정적인 공부 정서를 갖추게 된다.

"너는 아무것도 하지 말고 공부만 열심히 하면 돼. 다른 건 엄마, 아빠가 다 해줄게."

이런 말은 공부는 물론, 인생을 주체적으로 살지 못하는 어른으로 자라게 하는 지름길이다.

은아쌤의 알림장

아이와 함께 준비하는 여행 체크리스트

여행 날짜	
여행 장소	
필요한 준비물	
세면도구	□ □ □ □ □ □

의류	☐ ☐ ☐ ☐ ☐ ☐
필기도구	☐ ☐ ☐ ☐
읽을 책 (독서 계획)	☐ ☐

사고 싶은 기념품 리스트

☐
☐
☐
☐

기념품 구매 비용 조달 계획

☐
☐
☐
☐

시작 노트

'혼자서 해내는 아이'의 조건

하버드대학교 아동발달연구소에서 발표한 자료에 따르면, '실행 기능executive function'을 탄탄하게 마련하고 학교에 들어가는 것이 글자나 숫자를 알고 학교에 들어가는 것보다 훨씬 중요하다고 한다. 여기서 실행 기능은 크게 세 가지를 꼽을 수 있는데, 바로 **작업기억, 인지적 유연성, 억제력**이다.

첫 번째 실행 기능인 작업기억은 쉽게 말해 선생님이 지시하거나 설명한 것을 짧은 시간 동안 기억하는 것이다. "얘들아, 『국어 가』 책 꺼내서 13쪽 펴보자. 책상 위에 가지런히 올려두세요."라고 했을 때, 설마 이 짧은 지시 사항을 못 알아들을까 싶지만 13쪽까지 펴는 데만 몇 분이 걸린다.

"선생님, 무슨 책 펴요?"

"『국어 가』예요. 『가』 펴보세요."

“『국어 활동』이에요?”

“아니, 『국어 가』. 『가』 책 펴는 거예요.”

“선생님 몇 쪽 펴요?”

“13쪽, 13쪽 펴는 거예요.”

“자, 이제 다 됐지요? 그럼, 우리 같이 13쪽 읽어보자.”

“선생님! 얘 울어요.”

책상 서랍에 『국어 가』 책이 있는데도 찾지 못해 우는 아이도 있다. 도와달라는 말도 못 하고 우물쭈물하다 수업이 시작되니 당황해서 우는 아이들이 정말 많다. 미술 시간에도, 사회 시간에도, 종이접기를 할 때도 작업기억이 없는 아이들은 짧은 지시 사항에도 집중하지 못하고 질문을 반복한다. 수업 분위기를 흩트리는 것은 문제가 아니다. 그런 아이는 처음부터 버벅거리고 당황해서 다음 단계에서도 자신감을 잃는다. 책을 소리 내 읽었음에도 방금 무슨 내용을 읽었는지 잘 기억하지 못한다.

두 번째 실행 기능은 인지적 유연성이다. 쉽게 설명하면, 운전하다가 길을 잘못 들었을 때 다른 길을 찾는다거나, 사과가 잘 안 깎이면 칼을 바꾸거나 깎는 방법을 바꾸는 등 문제 해결에 있어 실수를 인정하고 다른 방법을 찾아보는 것을 말한다. 다만 학습에서의 인지적 유연성은 이보다는 훨씬 복잡하다. 수학 문제를 풀다가 막히면 다른 방법으로 생각해 보고, 어디에서부터 실수했는지 돌이켜봐야 하는데 아이들은 보통 “엄마! 문제가 이상해!” 하고 다른 방법으로 풀어보려고 하지 않는다. 일상생활에서 다양한 실수를 해결하며 유연한 사고를 통해 문제를 해결해 본 경험이 있어야 인지적 유연성이 자란다. 인지적 유연성이 떨어지는 아이는 계획한 대로 일이 풀리지 않으면 쉽게 좌절하고, 어디서부터 고쳐야 하는지 파악하려 하지 않는다. 일상의 다양한 실수가 필요한 아이들이다.

마지막 실행 기능은 억제력인데, 설명하지 않아도 이해가 될 것이다. 억제력이 부족한 아이들은 자기 차례를 기다리는 것을 힘들어한다. 수업 시간에도 하고 싶은 말이 있으면 공부하고 있는 친구에게 말을 걸고, 말보다는 손이 먼저 나가거나, 체육 시간에 줄 서기를 힘들어한다. 1학년 입학식 때, 아이들을 보면 억제력이 없는 아이들이 보인다. 줄을 못 선다. 끈기 즉, 억제력이 부족한 탓이다.

스스로 공부하는 아이로 키우는 기초 세우기

작업기억, 인지적 유연성, 억제력으로 대표되는 실행 기능은 교우관계에도 영향을 미친다. 공부할 때는 친구보다 실력이 부족하다고 느끼거나, 놀이할 때는 규칙을 잘 지키지 못하거나 감정을 억제하지 못해 원만한 교우관계를 맺기가 어렵다.

초등학교에 입학하기 전이나 저학년 때는 공부보다는 이 실행 기능을 마련해 주는 것을 우선해야 한다. 실행 기능은 공부에서 기초공사와 같다. 탄탄하지 않은 기초 공사 위에 공부를 쌓아봐야 소용이 없다. 높이

쌓으면 쌓을수록 더 크게 무너질 뿐이다. 실행 기능은 학업뿐만 아니라 아이의 인생을 결정하는 데도 큰 도움이 된다. 그럼, 어떻게 실행 기능을 길러줘야 하는지 살펴보자.

모든 아이들이 타고나는 능력은 '배움'이다. 공부하고 싶게 만들어주면 스스로 배운다. 이에 반해 실행 기능은 '가능성'만 가지고 태어난다. 부모가 가르쳐야 할 것은 공부가 아니라 실행 기능인데, 우리는 거꾸로 하고 있다. 밑 빠진 독에 물만 붓고 있다.

실행 기능을 길러주려면 아이 주도적인 일상생활을 기다려주기만 하면 된다. 아이가 스스로 하고 싶어 할 때가 오면 스스로 하게 내버려두면 된다는 것이다. 아이는 뭔가 거창한 것을 하고 싶어 하지는 않는다. 엄마가 요리할 때 옆에서 거들고 싶고, 청소기도 밀어보고 싶고, 세탁기도 조작해 보고 싶다. 이럴 때, 하게 해주면 된다. 이런 걸 하려면 손에서 휴대전화를 내려놓아야 한다. 일상의 작은 것들에 흥미와 재미를 느껴야 해보고 싶어진다. 그렇게 이것저것을 해봐야 실행 기능이 자란다.

자율성과 주도성은 유아기부터 초등학교 저학년까지 발달하는 것이므로, 이때 제대로 발달하지 못하면 수치심, 죄의식 같은 것만 남게 된다. "나는 혼자서는 못하는 사람이구나." "내가 혼자 하는 일은 엄마를 힘들게 하는 일이야." "나는 가만히 있는 게 도와주는 거야." 실행 기능을 발달시켜 주려면 초등 저학년 시기를 놓치지 않아야 한다.

《월스트리트 저널》이 2015년 3월 13일에 게재한 "아이들을 집안일에 참여시켜야 하는 이유(Why children needs chores)"라는 기사에서는 집안일의 작은 역할이라도 담당하며 자란 아이일수록 자율성이 높고, 이후 자기 삶을 주도적으로 이끄는 성인이 될 확률도 높다는 연구 결과를 소개했다. 이 연구에서는 성장하는 환경과 관계없이 만 3세에 집안일에 참여했는지가 성공적인 성년기를 결정짓는 지표라고 결론지었다. 이는 지능지수보다 더 확실한 지표가 된다고 한다.(『아이의 뇌는 스스로 배운다』 셀린 알바레즈 지음, 열린책들, 2020.)

한글 공부나 수학 공부를 아무리 열심히 해도 일상생활을 스스로 해낼 능력이 없는 아이들은 학교에 오는 순간부터 긴장한다. 화장실 뒤처리를 스스로 하지 못할까 봐 배가 아플까 봐 1교시 시작부터 긴장하고, 운동화 끈이 풀어져도 묶지를 못해서 울고, 무엇을 어떻게 정리해야 할지 몰라 옷과 학용품 모두를 책상 위에 올려둔다. 실행 기능이 학습뿐만 아니라 성공적인 삶에서도 얼마나 중요한지를 깨달았으니, 바로 다음의 리스트를 실천해 보자. 멀리 성공적인 삶까지 갈 필요도 없다. 학교생활을 잘 해내는 아이로 키우고 싶다면 일상생활부터 가르치자.

✣ 프렙 스테이션 만들기

휴지, 휴지통, 수저, 수저통, 가방걸이, 준비물, 연필깎이 등 아이가 할 수 있는 것은 스스로 할 수 있도록 아이 눈높이에 맞춘 프렙 스테이션을 만들자. 아이가 스스로 하다 보면 "엄마, 그거 어디 있어요?" 하고 묻는 바람에 귀찮아서 다 해주게 되는데 한곳에 모아두면 그럴 일이 없다. 한마디면 된다.

"프렙 스테이션에서 찾아봐."

✣ 외투, 가방 정리하기

학교 가방은 무조건 스스로 챙긴다. 유치원생이라면 유치원 가방부터 연습하자. 집에 돌아오면 정해진 곳에 외투를 걸고 가방은 프렙 스테이션에 직접 정리하게 하자. 그렇게 익힌 습관은 학교에서도 그대로 이어진다.

✣ 수저통, 식판 챙기기(식사 준비 돕기)

유치원 아이를 둔 학부모라면 수저통과 식판도 스스로 챙기게 하고, 아침 식사나 저녁 식사 때도 자기 식기류는 스스로 챙기게 한다. 급식 시간에도 자신감을 가질 수 있다.

✣ 물통에 물 담아보기

물을 쏟아서 가든, 뚜껑을 제대로 안 닫아서 가든 내버려두자. 자기 물통 정도는 스스로 챙기게 하자.

✣ 준비물 챙기기

알림장을 보고 아이와 준비물을 사러 가자. 엄마는 아이가 준비하는 걸 지켜봐 주면 된다. 알림장을 보고 잘 챙기고 있는지만 점검하고 아이가 알아서 하게 두자. 준비물 사러 갈 시간이 없다면 엄마가 미리 사고 프렙 스테이션에 놔둔다. 알림장을 보고 스스로 챙겨야 한다. 아이가 챙겨야 준비물이 가방 어디에 있는지 안다.

✣ 직접 이름 쓰기

예쁜 이름표를 샀다면 붙여주지 말고 프렙 스테이션에 두자. 이름표를 못 붙이는 곳이라면 네임펜으로 직접 쓰게 한다. 글씨가 엉망이어도 상관없다. 자기 이름은 자기만 알아보면 된다.

✣ 준비물 정리하는 방법 알기

준비물을 챙겼다면, 다시 정리하는 방법도 알려준다. 특히 미술 준비물 뒷정리를 제대로 못 하는 아이들이 많다. 집에서 미술 활동을 하고 어떻게 정리하는지 알려주자. 스스로 치우게 해야 한다.

✣ 체크리스트 만들기

알림장을 앱으로 전달한다면 집에서 보고 따라 쓰게 하자. 알림장을 보고 오늘 해야 할 일의 목록과 순서를 해보는 것이다. 학교 다녀와서 씻기, 밥 먹기, 독서하기, 쉬기 등을 넣어서 저녁 시간을 어떻게 보낼지 아이와 체크리스트를 만들어보자.

실수에 너그러워지는 연습

식당에 가서 남편이 먼저 물을 따라주면 고마운 마음이 든다. 캔 음료의 뚜껑을 따서 건네주면 작은 배려에도 결혼을 잘했구나 싶다. 내가 얼마든지 할 수 있는 걸 해줄 때면 어제 싸웠어도 오늘은 내가 남자 하나는 잘 골랐다 싶다. 그래서 아이들에게도 그런 사랑을 주고 싶었는지 모른다. 입가에 묻은 것을 닦아주고, 옷을 입혀주고, 머리를 빗겨주고, 물을 따라주고, 아이가 해야 할 일을 대신해 주며 사랑과 배려를 보여주고 싶다. 어떠한 실패도 경험하지 않게 지켜주고 싶고, 실수하면 해결해 주고 싶다. 그래서 아이의 숙제를 챙겨주고, 준비물을 넣어주고, 힘들어하는 과제를 대신 해결해 준다. 교우관계도 나서서 해결해 주고, 심지어는 아이가 필요한 걸 말하기도 전에 나서서 도와준다. 더 잘해주고 싶다는 부모의 마음이 아이의 손발을 묶는다. 정성과 사랑이 결국 아이의 자조 능력을 갉아먹고 있다. 아이가 스스로 해보겠다는 마음을 가질 틈이 없다. 부모가 아이에게 사랑을 표현하는 방법은 달라져야 한다.

기꺼이 혼자 할 수 있는 일이지만 상대방이 힘들까 봐 대신해 주는 것이 부부의 사랑이고 배려라면, 대신해 주고 싶어도 참는 것이 부모의 사랑이다. 가만히 있는 게 도와주는 거라 말하지 말고, 고사리 같은 아이의 손에도 역할을 주고 부족한 결과물도 기꺼이 인정해야 한다. 문제를 잘못된 방향으로 풀고 있어도 틀려도 보고 스스로 깨달을 수 있도록 기다려야 한다. 부모의 사랑은 기꺼이 해줄 수 있는 것을 해주지 않는 것이다. 아이에게 혼자 해볼 기회를 주고, 실수를 너그럽게 용인해 줘야 한다. 아이의 실수에 속이 뒤집히고, 아이가 친 사고를 치우느라 손이 더 가겠지만, 자꾸 하다 보면 아이도 언젠가는 잘하게 된다. 공부도 마찬가지다.

수업 시간에 "선생님, 저 한번 해볼게요!" 하는 아이가 있는가 하면, "안 할래요. 틀릴 것 같아요." 하는 아이가 있다. 아이들은 어떤 실수를 해도, 결과가 어떻더라도 사랑받고 인정받는다는 믿음이 있을 때 계속 도전하고, 노력하고, 시도한다. 하지만 우리는 어떤가. 아이가 처음부터 완벽하게 성공하기를 바라기 때문에 스스로 하겠다고 나섰다가 엉망이 되면 아이를 꾸짖고 혼자 하지 못하게 막는다. 그 과정에서 아이는 주눅이 들고 부모가 해주기를 기다리게 된다. 아이는 처음부터 잘하지 못한다. 실수에 너그럽지 못한 양육 태도는 스스로 하려는 시도조차 하지 않는 아이로 자라게 한다.

기다려줄 때 쌓이는 정서적 안정

초등 5학년 담임을 맡았을 때, '엄마에게 혼나는 일곱 가지 방법'이라는 주제로 아이들과 수업을 하던 중이었다. 동생이랑 싸우기, 방 정리 안 하기, 지각하기 등 아이들이 신이 나서 이야기를 했다. 그런데 한 아이가 그냥 혼나는 게 낫다는 것이다. "어차피 해도 혼나고, 안 해도 혼나요. 그러니까 그냥 안 하고 혼나는 게 이득이에요."라고 했다. 정답이지 않은가?

공부를 잘하기 위해서는 자율성, 자신감, 주도성, 자기효능감, 자존감, 메타인지 같은 것들이 필요하다고 한다. 이런 건 어렵게 만들어지는 능력이 아니다. 아이가 하는 일의 결과가 서툴고, 엉망이더라도 할 수 있도록 기다려주면 만들어진다. 아이가 직접 경험하고 실수하며 실패할 때 자라난다.

자기 물건을 정리하고, 옷을 골라 입고, 가방을 챙기는 작은 경험이 자율성을 키우고, 자기효능감을 느끼게 한다. 일상생활뿐만 아니라 학교생활과 학업에서도 스스로 할 수 있는 일이 많아지면 자신감이 생기고, 자존감이 높아진다. 모르는 게 있어도, 문제를 풀다가 틀려도 위축되지 않고 자신을 믿으며 다시 한번 도전해서 해결하겠다는 마음을 가진다. 그 과정에서 메타인지가 자란다. 일상에서도 공부에서도, 아이가 서툴러 실수하더라도, 잘 해내지 못하더라도 기다려야 한다. 아이가 실수해도 괜찮다는 마음이 필요하다.

수많은 자녀 교육서가 각자의 교육 방법을 말하지만, 공통적으로 말하는 것이 하나 있다. 아이를 믿고 기다리는 부모의 마음, 아낌없는 사랑 표현, 공부 정서, 신뢰 등 다양한 단어로 표현하고 있지만 모두 '정서적 안정'을 말한다. 아이를 키울 때 중요한 것이 있다면 아이에게 정서적인 안정감을 심어주는 일이다. 정서적 안정은 아이가 스스로 올바른 선택을 하고, 혼자서 해결할 수 있다고 믿는 부모의 마음에서 시작된다. 아이가 실수하더라도 올바른 선택을 통해 해결할 수 있다고 믿고 기다려야 한다. 실수를 인정받는 마음에서 정서적 안정이 자란다.

공부를 잘하는 아이들이 모두 정서적으로 안정된 것은 아니지만, 정서적으로 안정된 아이들은 모두 공부를 잘했다. 비단 성적만을 말하는 것이 아니다. 학업 성적이 낮아도 인생에서의 공부, 삶을 살아가는 법을 깨닫는 공부도 잘한다. 행복하게 사는 삶, 최선을 다해 사는 삶은 어떤 것인지도 잘 공부하고, 도전하고 나아갔다.

프랑스에 살면서 인상 깊었던 장면 중 하나는 아이가 공공장소에서 실수했을 때의 반응이다. 식당에서 아이가 실수로 컵을 깨면 부모는 아이를 먼저 안고 다치지 않았는지 묻고, 가게 주인 역시 아이가 괜찮은지 먼저 살핀다. 아이의 실수 자체를 있는 그대로 받아들이는 분위기가 부러웠다. 그 장면이 단지 아이를 관대하게 대하는 태도가 아니라 사회 전반에 깔린 실수에 대한 너그러움이라고 느껴졌다.

실수에 너그러운 사회는 미숙한 사람을 존중하는 사회다. 아직 서툰 아이들뿐 아니라 실수할 수밖에 없는 모든 약자에게 조금 더 따뜻한 시선을 보내는 문화가 우리에게도 필요하다. 우리는 한 번의 실수에도 너무 박하다. 어른들은 물론이고 아이들도 실수하면 부모가 대신 사과하고 곧장 훈육이 뒤따른다. 아이는 자신이 문제라고 느끼기 쉽다. 그렇게 자란 아이는 타인의 실수에도 쉽게 분노할 수밖에 없다.

우리 사회가 실수와 미숙함을 대하는 태도부터 바뀌었으면 하는 바람이다. 실수했을 때 비난보다 이해가 먼저 나오는 사회, 그 속에서 아이는 실수하고 배우며 타인의 실수에도 관대해질 수 있다고 믿는다. 부모 개인의 문제가 아니라 우리 사회가 함께 노력해야 할 부분이 아닐까.

멈추지 않는 꾸준함

"선생님, 아이와 문제집을 두 장씩 풀기로 약속했는데, 며칠 잘하더니 그다음부터는 하기 싫대요. 계획대로 꾸준히 하는 습관을 잡아주려면 어떻게 해야 할까요?"

학부모 강연을 마치고 나면 빠지지 않고 등장하는 질문이다. 이런 질문을 받으면 나는 반대로 질문한다.

"여기 오신 부모님 중에 초등학교 3학년 때 매일 문제집 두 장씩 안 밀리고 푸셨던 분 계세요? 학교 갔다가 집에 오면 가방 정리 딱 해놓고, 놀이터 나가서 놀기 전에 문제집 두 장 풀어놓고 가신 분 혹시 계신가요?"

어른도 좋은 습관을 지키기란 쉽지 않다. '올해는 꼭 일주일에 한 번은 운동하겠어!'라고 결심해 놓고도 그 마음이 어디 1년을 가는가. 한 달을 지키기도 쉽지 않다. 작년 1월의 헬스장은 러닝머신에 자리가 없어 기다려야 했다. 하지만 2월이 되자마자 한산해졌다. 내가 1년 동안 헬스장에 나갈 수 있었던 것은 1년 동안 나를 이끌어준 친구이자 PT 선생님 덕분이었다.

두 번, 세 번 말한다고 습관이 생기지 않는다. PT 선생님처럼 멱살을 잡아서라도 끌고 가야 습관이 생길까 말까다. 어른들도 그러한데, 아이들은 더 어렵지 않겠는가. 그것도 아이들이 가장 하기 싫어하는 공부를 두어 달 엄마가 노력하여 습관으로 만들 수 있을 거라는 기대를 접어야 한다. 끊임없이 말하고 이끌어야 한다. 그러려면 '꾸준히' 한다는 것에 대한 의미를 조금 다르게 볼 필요가 있다.

꾸준함은 멈추지 않는 힘이다. 보통 우리가 생각하는 꾸준함은 일주일 내내 매일 30분씩, 하루도 빠지지 않고 365일을 해내는 것이다. 내가 생각하는 꾸준함은 다르다. 내가 아이들에게 가르치고 싶은 꾸준함은 이번 주에는 월, 수, 목, 토, 다음 주에는 화, 금, 어떤 때는 일주일에 한 번밖에 못 했더라도 그것을 포기하지 않고 끝까지 해내는 힘이다. 이번 주에는 한 번밖에 못 했지만, 다음 주에 다시 마음먹고 두 번 하고, 그다음 주에는 한 번도 못 했지만, 또 그다음 주에 다시 마음먹고 세 번 하면 된다. 그렇게 오랜 시간 하다 보면 끝까지 하게 된다. 나는 멈추지 않는 힘을 꾸준함이라고 부르고 싶다.

아이들에게 무언가 좋은 습관을 만들어줘야겠다고 다짐했다면 어른인 나는 그것을 지킬 수 있는지 생각해 봐야 한다. 내가 못 한다고 아이들에게도 가르치지 말라는 말은 아니다. 나보다는 더 나은 사람이 되어 더 나은 삶을 살았으면 하는 게 아닌가. 나도 못 할 것 같다는 생각이 들면, 부모가 아이를 돕는 조력자가 되어야 한다. 마치 PT 선생님처럼 말이다. 꾸준히 계속할 수 있도록, 포기하지 않고 지치지 않도록 돕자. 한 번 두 번 말해서 안 된다고 포기하면 안 된다. PT 선생님이 한 번 두 번 오라고 했으면 운동을 한 번 두 번밖에 못 했을 것이다. 1년 내내, 매번 오라고 했기에 매번 갔다. 아이가 꾸준히 하는 습관을 들였으면 좋겠다면 꾸준히 하도록 매번 말해주고 이끌어주자.

단, 장기 계획을 세워서 아이들과 지키려고 하지 말자. 초등 저학년이라면 3일에 한 번, 초등 고학년이라면 일주일에 한 번 정도가 적당하다. 새로운 계획을 세우고, 짧은 기간 실천해 보며 성취감을 느껴보게 한다. 그러려면 매일 말해주자. "문제집 풀자. 힘들어도 오늘 것은 끝내볼까?" "어제 힘들어도 잘했지. 오늘도 문제집 두 장 풀자." "엄마도 오늘 5분 동안 책 읽을 거야. 우리 같이 읽을까?"

단기 학습 플래너

작심 3일 열 번이면 한 달이다. 아이와 공부를 시작할 때는 '단기' 학습 플랜을 세우자.(초등 저학년을 위한 열 칸짜리 공책을 활용해도 좋다.)

〈예시〉

3일 플래너					
	책 1권 읽기	가방 챙기기	10분 가족 대화	문제집 2장	줄넘기 100번
2/1 월	●	●		●	●
2/2 화		●	●		●
2/3 수	●	●		●	

3일 플래너					

하기 싫은 것도 해내는 힘

"핸드폰 번호 좀 알려주실래요? 반 단톡방을 만들면 좋을 것 같아요."

프랑스 학교에서도 단톡방이라니! 이런 건 우리나라에만 있는 줄 알았는데, 국적을 막론하고 부모의 마음은 다 비슷한가 보다. 우리나라 카카오톡과 비슷한 왓츠앱WhatsApp이라는 앱 대화방에 우리 반 엄마들이 다 모였다. 이 방을 만든 사람은 우리 반 최고 개구쟁이 엄마다. 간절함이 느껴졌다. 큰아이 반 선생님은 결석 한 번 없이 수업을 진행하시며(프랑스는 선생님들의 연가나 병가가 비교적 자유로운 편이다) 숙제도 매일, 아주 많이, 과목별로 내주는 열정 넘치는 선생님이다.

아이들 중에는 알림장을 알아볼 수 없게 쓰는 아이들이 있고(단톡방을 만든 엄마의 아이도 그런 아이 중 한 명이다), "우리 애 알림장 좀 봐줄래요? 누가 좀 도와주세요." 하면 글씨를 깨끗하게 쓴 친구 엄마가 알림장을 찍어 단톡방에 올려준다. 화요일과 금요일이 프랑스어 수업이므로, 화요일 저녁과 금요일 저녁에는 어김없이 단톡방에 알림이 울린다.

"숙제가 너무 많은 것 같다고 느껴집니다."

어느 날, 단톡방에 문자 한 통이 올라왔다. 날 선 문자에 어느 학부모도 대답이 없었다. 매일 받아쓰기 숙제와 책 1챕터 읽기, 문법 숙제와 수학 숙제, 거의 매주 이루어지는 단원평가를 돕다 지친 학부모였다. 아무도 대답하지 않자, 그 학부모는 프랑스 교육 법령을 캡처한 사진까지 올리며, 담임 선생님께 명백히 위법임을 알리고 숙제 분량을 줄여야 한다고 했다. 프랑스 초등학생은 수요일에는 학교에 가지 않고, 심지어 놀 시간을 충분히 가져야 하기에 숙제도 많으면 안 된다고 한다.

그러자 한 학부모가 용기 있게 말을 꺼냈다. "학부모는 학교 수업을 이끌어가는 담임 선생님의 교육 방침을 존중해야 합니다." 숙제가 아무리 많고 힘들어도 아이가 끝까지 해내도록 돕고 격려하는 것이 부모의 역할이라는 것이다. 아이가 학교 수업을 충실히 하고, 방과 후에는 숙제하는 것, 이것은 의무이자 책임이며, 부모는 힘든 과정이라도 이겨내도록 이끌어야 한다는 것이다. 이것이 아이의 삶도 그렇게 만들 것이라며.

누구의 말도 틀리지 않았다. 나 또한 부담스러워하는 아이 앞에서 흔들리기도 했고, 어떤 숙제도 도와줄 수 없어서 안타깝기도 했다. 모두 같은 마음이었을 것이다. 하지만 단톡방에서는 모두가 아이들을 어떻게든 이끌어 끝까지 해내도록 돕는 조력자가 되겠다고 공감한

듯했다. 결국 처음 말을 꺼낸 학부모는 조용히 단톡방을 나갔다. 이후로도 아이는 거의 매일 숙제에 허덕였다. 그리고 그만큼 프랑스어 실력도 자랐다.

용기 있게 대답한 그 학부모의 말이 마음에 계속 남았다. 숙제를 비롯해 아이가 살면서 겪는 힘든 일을 부모가 대신해 주거나 그만두게 하면 더 빠르고 쉽게 해결할 수 있다. 해내도록 지켜보고 이끌어 주는 것이 더 어렵다. 하지만 진정으로 아이를 위해 해야 할 일은 문제를 덜어주는 것이 아니라, 그 무게를 이겨낼 수 있도록 지지하고 격려하는 일이다. 아이가 자라면서 어떤 어려움도 경험하게 하고 싶지 않아 부모가 직접 나서서 문제를 모두 없애주면 아이는 스스로 자랄 기회를 잃는다.

공부는 삶을 배우는 과정이다. 초등학교 3학년 때 담임 선생님께서는 매일 아침 우리에게 "참는 것도 공부다."를 따라 하게 하셨다. 어려운 수학 문제를 푸는 것도, 많은 숙제를 해야 하는 것도, 힘들어도 수업 시간에 앉아 있어야 하는 것도 모두 공부였다.

"아이가 공부하기 힘들어하는데, 억지로라도 시켜야 하나요?" 하고 묻는 학부모가 많다. 내 대답은 언제나 "네, 시키셔야 합니다."다. 다만 그 시기에 반드시 해야 할 것에만 집중해서 아이가 스스로 해내고 성취감을 느낄 수 있도록 현명하게 방관해야 한다. 단원평가 100점이 목표가 아니다. 삶의 힘든 순간들을 견뎌내고 이겨내는 힘을 가진 아이로 자라게 하는 것이 목표다. 공부하다가도, 숙제하다가도, 지금은 어려워 짜증이 나고 눈물이 나더라도 이걸 해내고 이겨냈다는 마음. 이것이 단단한 삶을 살게 하는 힘이 된다. 아이가 공부를 통해 배워야 할 힘이다.

하기 싫은 공부를 관계까지 망쳐가며 시키라는 뜻은 아니다. 다음에 이어질 다양한 방법을 아이에게 적용해 아이가 잘 헤쳐나가도록 도와야 한다. 공부는 삶의 무게를 견디는 사람으로 키워내는 과정이다.

왜 열심히 살아야 하는가

유럽의 겨울 고속도로는 지붕 위에 스키를 실은 차로 가득하다. 유럽 사람들의 스키 사랑을 엿볼 수 있는 시기다. 각각의 계절을 즐기고, 자연에서 노는 것이 의무인 것처럼, 다들 최선을 다해 그 계절을 보낸다.

작년 겨울에는 나도 용기를 내어 스키장 중급 코스 리프트에 올랐다. 초등학교 때 배운 스키를 몸이 기억하고 있었는데, 나이가 든 만큼 겁은 늘고, 겁이 늘어난 만큼 용기는 줄어들었다. 게다가 마음대로 움직이지 않는 몸 때문에 높은 언덕에서 눈앞이 캄캄해졌지만, 유럽의 건장하고 씩씩한 엄마들을 보고 나도 질 수 없어 스키를 타고 내려왔다. 한 번 더 용기를 내어 탄 리프트는 알프스산맥을 넘어 한참을 올라갔다. 옆자리에 앉은 나이 지긋한 할머니께서 "어디서 왔어요?" 하고 물었다. 문화센터에서 "아기가 몇 개월이에요?"로 대화를 여는 것처럼, 이곳에서 동양인을 향한 첫 질문은 늘 같았다. 대답하면

예상대로 한국에 대한 찬사가 이어진다. "안녕하세요." "감사합니다."는 기본이고 한국어를 유창하게 하는 사람도 많다. 그런데 그날은 달랐다. 한국에서 왔다고 하니 "이곳 프랑스 생활은 어때요?" 하고 물어보시는 것이다.

"여유가 있어 좋고, 아이들도 학업 부담 없이 지내니 마음이 놓여요. 한국에서는 늘 분주했는데, 여기 오니 비로소 계절을 느낄 만큼 숨 쉴 틈이 생겼어요."

"그런 여유는 어디에서 온다고 생각해요?"

리프트 위에서 살을 에는 찬 바람을 맞으며 정신없이 콧물을 훔치고 있는데, 갑작스러운 깊이 있는 질문에 콧물을 닦으며 당황해 버렸다.

"그야 이곳 사람들의 문화 때문이 아닐까요?"

"너희들, 이렇게 겨울에 스키장에서 여유를 즐길 수 있는 건 너희 부모님이 다른 날 열심히 일했기 때문이란다."

할머니는 아이들을 향해 말씀하시며 내게도 프랑스에 산다고 해서 모두가 이렇게 여유 있는 삶을 즐길 수 있는 건 아니라고 하셨다. 어렸을 때부터 부지런히 공부하고, 노력하고, 자신의 미래를 꿈꾸는 사람만이 이런 여유를 즐길 수 있다면서 아이들에게 열심히 살라고 가르쳐야 한다고 말씀하셨다. 여유는 누구에게나 주어지지만, 그것을 가질 수 있는 사람은 부지런히 공부하고 노력한 사람뿐이라는 것이다. 아이들이 공부 때문에 힘들어하더라도 부모가 옆에서 끝까지 지지해 줘야 하고, 끊임없이 알려줘야 한다고 하셨다. 자신의 하루에 최선을 다하고, 주어진 환경에서 할 수 있는 일을 찾아 부지런히 노력하고 살아야 커서 여유를 가질 수 있다고 하셨다.

배우고 익히는 힘, 어려움을 견디는 끈기, 자신의 하루를 스스로 채워나가는 부지런함을 갖추어야 어른이 되었을 때 여유를 가질 수 있다는 사실을 알려주고 싶다. 노력 없이 주어진 여유는 오래가지 않는다. 꾸준히 쌓은 실력과 성실함 위에 얻은 여유야말로 삶을 지탱하는 힘이다. 공부는 단순한 지식 습득의 과정이 아니라 스스로 삶을 설계하고, 그 삶을 누릴 수 있는 힘이라는 걸 알려주고 싶다.

열심히 산다는 것은 무조건 하루를 빽빽하게 채우는 것이 아니다. 자신에게 주어진 환경과 시간, 그리고 기회를 허투루 흘려보내지 않는 태도다. 오늘의 노력이 내일의 선택지를 넓히고, 그 넓어진 선택지가 더 풍성한 삶과 여유를 만들어준다는 것을 아이들에게 알려주고 싶다. 아이들이 이러한 태도로 공부를 대한다면, 지금은 원하는 성적이 나오지 않아도 꾸준히 삶을 위해 노력할 것이다. 어떤 계절에서도 어떤 환경에서도 자신을 단단히 세울 수 있도록 알려주고 싶은 삶의 자세다. 아이가 내게 공부를 왜 하냐고 묻는다면, 할머니께서 해주신 말씀을 한 번 더 전해줄 예정이다. 그리고 아이가 힘든 시간을 통과하고 있을 때마다, 짠한 마음이 들어도 응원하며 지켜보려고 한다. 나 역시 더 열심히 살며 아이들에게 가르쳐주려고 한다.

스키를 타다 보면 그 넓은 스키장에서도 같은 리프트를 탔던 사람들을 한두 번은 마주친다. 우리가 4박 5일을 더 머무는 동안 그 할머니와 다시는 마주치지 않았다. 인생을 알려주시려고 어디선가 잠깐 나타나신 건가 하는 생각에 볼을 꼬집어보기도 했다.

2부

스스로 공부하는 아이로 키우는 시작의 기술

3 장

공부는 결국 아이의 몫이다

지금 뭘 해야 하는지 알면 흔들리지 않는다

서두르면 암기만 남는다

어느 나라나 부모의 교육열이 높다. 아이가 공부 못하기를 바라는 부모가 어디 있겠는가. 프랑스도 마찬가지다. 단톡방을 만들어 알림장을 공유하고, 시험을 앞두고 아이 노트가 엉망이면 깨끗하게 필기한 친구의 노트를 보여달라고 요청하기도 한다. 아이들이 다니는 국제학교는 학생들의 국적도 무척 다양하다. 한국을 비롯해 미국, 영국, 프랑스, 독일, 이탈리아, 멕시코, 러시아, 인도, 일본, 중국 등 다양한 국적의 학생과 부모들이 모여 있고, 모두 다 아이 교육에 관심이 높다.

다만 정해진 교과서가 없어서 그 교육열이 한국과는 조금 다르게 느껴진다. 나라에서 정한 큰 틀은 있지만, 학급 교육과정을 비롯해 학습 자료, 숙제, 시험 모든 것이 담임 선생님 재량으로 이루어진다. 따라서 선행해서 가르치거나 미리 준비해 줄 수 없다. 대신 공부 방법을 가르쳐줘야 한다. 스케줄러를 작성하는 법, 암기하는 법, 아는 내용을 확인하는 법, 문제를 직접 만들어보는 법 등 공부 방법을 가르쳐주고 아이가 불러달라고 하는 받아쓰기나 채점 정도만 도와줄 뿐이다.

아이들도 좋은 성적을 받기 위해서 담임 선생님께서 내주시는 과제를 빠짐없이 열심히 하고, 반에서 치르는 시험을 통과하기 위해 학교 수업 시간에 집중한다. 문제집이나 사교육에 의존하고 싶어도 그럴 수가 없다. 학교생활과 성적이 전적으로 아이에게 달려 있으므로 숙제와 시험에 스스로 책임을 지게 하고, 부모는 아이가 끝까지 해내도록 돕는 조력자가 될 수밖에 없다. 담임 선생님의 역량에 따라 아이의 학습이 좌우된다는 문제점은 있지만, 기초 학력보다는 공부하는 태도를 배우는 것이 더 중요하기에 우리도 배워야 할 부분이 있지 않을까.

초등 아이들에게 가르쳐야 할 것은 선행 학습이 아니라 학교와 공부를 대하는 태도다. 한국에는 교과서가 있고, 학교에서 열심히 듣지 않아도 집에서 충분히 학습 내용을 공부할 수 있다. 모든 아이가 일정 수준 이상의 기초 학력을 갖추고, 집에서 충분히 복습할 수 있다는 점은 장점이다. 반대로 부모가 아이의 학습 성취 과정에 충분히,

너무 과하게 개입할 수 있는 환경은 문제가 된다. 이것이 선행학습을 만들지 않았을까.

'7세 고시'는 초등학교 입학을 앞둔 만 7세 아이들이 유명 영어학원 레벨 테스트에 통과하기 위해 고시 준비하듯 공부한다는 용어다. 레벨 테스트를 위한 과외와 학원이 따로 있다고 한다. 영어 조기교육 열풍이 가져온 현상이다. 높은 교육열과 경쟁적인 입시 환경은 영어뿐 아니라 수학에서도 문제가 되는데 수학 선행학습도 심각한 수준이다. 일부 학원에서는 평균 4년, 많게는 7년까지도 선행학습을 시킨다는 뉴스를 들었다. 그럼 이 아이들은 학교에서는 어떤 모습일까? 내가 선행학습을 시키지도 않고, 시키겠다는 친구와 지인에게 제발 하지 말라고 부탁하는 이유가 여기에 있다.

초등 1학년 때 나눗셈을 안다고 3학년 문제집을 가져와 쉬는 시간에 푸는 학생이 있었다. 친구들 사이에서도 공부 잘하는 친구로 인식되었지만, 1학년 1학기 『수학 익힘』에서 풀이 과정을 쓰라는 문제를 풀지 못했다. 겉 지식은 많았지만, 속이 비어 있었다. 기계적인 연산은 가능했지만, 원리를 이해하거나 깊이 있는 문제에는 손을 대지 못했다.

제 시기에 해야 할 것들을 제대로 채우지 못하고 선행 진도에만 급급했기 때문이다. 아는 것은 많지만 이해하지 못했다. 대부분 선행학습을 한 아이가 이런 양상을 보인다. 정말 드물지만, 선행학습이 필요한 아이가 있다. 교과 학습 내용이 너무 쉽게 느껴지는 특정 아이에게는 선행학습이 필요하다. 하지만 대부분은 그렇지 않다. 웩슬러 지능검사에서 2퍼센트가 나왔던 큰아이도 선행학습은 무리라고 판단했다. 선행이 필요한 아이들은 정말 소수다.

한글을 전혀 모르고 입학한 학생이 있었다. 선행학습은커녕 한글도 제대로 읽지 못하지만 늘 눈빛이 반짝였다. 그 아이에게 풀이 과정을 물어보면 놀라울 만큼 잘 이해하고 제대로 된 풀이 과정을 두세 문장으로 정리해 말했다. 물론 1학기에는 아이가 불러주는 대로 받아서 적어주었다. 2학기 끝 무렵이 되어서야 느리지만 혼자 풀이 과정을 적어냈다.

이 친구가 6학년을 마치고 졸업할 때, 어머니께서 문자를 주셨다. 1학년 때의 좋은 경험으로 6학년까지 학교를 잘 마치고 좋은 성적으로 중학교에 입학했다는 소식과 함께 감사 인사를 보내주셨다. 겉으로 보이는 선행 진도와 성적이 아니라 아이의 속도를 기다려주고, 진짜 공부를 하게 한 결과다. 이 아이가 선행해 온 것은 지식이 아니라 공부하는 태도였다. 지금 이 순간에만 잘하는 아이와 나중에 잘될 아이, 어떤 아이로 키우고 싶은가? 우리가 지금 아이에게 가르칠 것은 공부를 대하는 태도이고, 공부하는 방법이다. 고등학교에 가서도 잘 해내야 하지 않겠는가. 멀리 보고 가야 한다.

공부하는 태도를 만드는 시기

학교 현장에서 교사들이 말하는 공부 잘하는 아이, 나중에 잘될 아이는 단순히 성적이 우수한 학생이 아니다. 자기주도학습 능력을 갖춘 아이들을 말한다. '공부하는 태도'가 바로 자기주도학습 능력이다. 초등학교 때 공부를 완성시키겠다는 마음을 내려놓고, 공부하는 태도를 완성시키겠다는 마음을 가져야 한다. 자신만의 학습 방법을 찾고, 자신이 무엇을 알고 모르는지를 깨닫는 연습을 통해 진정한 자기주도학습 능력을 갖춰야 나중에 잘할 수 있다. 초등 때 잘하는 아이 중 끝까지 잘하는 아이들은 자기만의 공부 방법을 찾아 자기주도학습을 지속해 온 결과다. "아무것도 안 해줬는데, 아이가 혼자서 공부를 잘했어요."는 거짓말이 아니다. 아이가 자기주도학습 방법을 찾을 수 있도록 부모가 옆에서 도와준 결과다.

초등 저학년까지만 해도 찾아볼 수 있는 엄마표 학습은 초등 고학년만 되어도 찾기가 어렵고, 중고등학교에서는 볼 수 없다. 초등 저학년은 학습 내용이 쉬우니 부모가 가르칠 수 있다고 생각한다. 하지만 이 시기에 스스로 공부하는 방법을 배우지 못하면 고학년이 되어서도 부모에게 의존할 수밖에 없다. 초등 고학년, 중고등학교 시기에는 부모가 가르칠 수 없으므로 당연히 학원에 가야 한다. 스스로 공부하는 방법을 배우지 못한 아이를 위해 고등학교 3학년 때까지 학원을 찾아 나서야 한다.

초등 저학년에 부모가 학습 내용을 잘 알고 가르쳐줄 수 있다면, 이는 공부를 직접 가르치는 형태가 아니라 아이가 학습 내용을 잘 이해하고 있는지를 점검하는 방식이어야 한다. 아이가 혼자서 공부하며 내용을 잘 이해하고 있는지, 자기주도학습이 아이에게 맞는 올바른 방향으로 가고 있는지, 아이가 세운 계획이 효과적인지를 함께 의논하며 자기주도학습의 기초를 다져야 한다. 이 중요한 시기를 놓치지 않고 자기주도학습 태도를 가지게 하려면 어떻게 해야 할까?

자기주도학습은 엄마 숙제가 아니다

"방에 들어가서 딱 30분만 공부하고 나와. 이거 두 장만. 집중하면 30분이면 될 거야."

잘하고 있는지 살펴보러 가니 딴짓만 하고 있다. 우리 집 큰아이 이야기다. 공부하라고 방에 들여보내고는 열린 문틈으로 살펴보니 사인 연습을 하고 있다. 연습장 한바닥을 빼곡하게 채운 사인이 단전에서부터 끓어오르는 화를 목구멍으로 내뱉게 한다. "혼자서 이렇게 공부할 거면, 너 학원 가서 해!"라고 하고 싶지만, 프랑스에는 학원이 없다. 지지고 볶든, 삶든, 튀기든 집에서 해결해야 한다.

자기주도학습이라고 하면 보통 책상 앞에서 아이 혼자 하는 공부를 떠올린다. 중학생이나 고등학생 자녀를 키우고 있다면 스터디카페를 가거나 독서실에 가는 것을 생각한다. 자기주도학습은 혼자 하는 공부, 즉 자습이 아니다. 어떤 시기에 어떤 문제집을 풀고, 몇 살에 무엇을 해야 한다는 부모 주도의 교육에서 벗어나 아이가 계획을 세워 스스로 학습해 나가도록 돕는 방법을 말한다. 학습의 책임이 아이에게 있음을 알려주는 것이다. 계획을 세우고, 계획표를 만들고, 실천하고, 문제점은 무엇인지 개선할 점은 무엇인지 아이가 주도해 실행하는 것이 자기주도학습이다. 어떤 과목이 부족한지, 부족한 부분을 문제집, 인터넷 강의, 학원, 과외 등 어떤 방법으로 해결하면 좋을지를 아이가 주도해 정한다는 뜻이다.

아이가 주도하되, 부모는 조력자의 역할로 든든히 곁에 있어야 한다. 부모는 대신 계획을 세워주는 것이 아니라 어떤 방법으로 계획을 세우는 것이 효과적인지를 알려줘야 한다. 계획표를 만들 때, 어떤 계획표를 만들지 소개해 주는 것이 부모의 역할이다. 체크리스트를 만들 것인지, 계획표를 그림으로 그릴 것인지, 불렛 저널이나 해빗 트래커 등 다양한 형태의 기록 방법을 알려주고, 선택은 아이가 하게끔 해준다. 이 학습 방법은 어떤 점이 어려웠는지 대화를 나누고, 다음 계획은 어떻게 수정할지 의논하는 것, 이것이 자기주도학습에서 부모의 역할이다.

자기주도학습은 부모가 공부시키지 않는 것, 혹은 전적으로 아이에게 맡기는 것으로 오해하는 분이 많다. 부모는 보이지 않는 손으로 부지런히 움직여야 한다. 유아기, 초등기는 말할 것도 없고, 중학교 때도 자기주도학습 능력을 갖출 수 있도록 부모가 옆에서 함께하고, 격려하고, 지켜봐야 한다.

"자기주도학습은 결국 엄마 숙제여서 같이하면 싸우게 돼요. 그래서 저는 학원에 보내요."

자기주도학습에 대한 큰 오해다. 자기주도학습을 검색하다 보면, 엄마가 풀어야 할 문제집 목록을 적어두고 아이가 실천하는 형태의 모습을 보게 된다. 이건 엄마주도학습이다. 게다가 엄마가 공부를 가르쳐주려고 하니 문제가 생긴다. 학교에서 천사라고 불리는 나도 내 아이를 가르칠 때면 좋은 말이 안 나온다. 아이를 직접 가르치려고 하지 마라. 진정한 의미의 자기주도학습이라면 아이는 필요에 따라 학원을 선택할 수도 있고, 부모에게 도움을 요청할 수도 있다. 학습의 주체로서 주도권을 맡아 공부하고, 부모는 필요한 순간에 적절한 도움을 주면 된다. 엄마의 숙제는 아이의 공부를 가르치는 것이 아니라 아이가 어려워할 때 적절하게 동기를 주고, 끝까지 해나갈 수 있도록 환경에 변화를 주거나, 적절한 방향성을 제시하는 것이다.

혼자서도 잘하는
아이의 비밀

자기주도학습 능력은 어떻게 키워야 할까? 자기주도학습 능력이 뛰어난 아이들의 세 가지 특성을 알아보자.

1) 자기 조절력이 뛰어나다

학습에서 자기 조절력은 중요한 역할을 한다. 신체를 조절하고, 시간을 조절하는 능력은 학습에 꼭 필요한 부분이다. 움직이고 싶어도 앉고, 놀고 싶지만 참고, 미루고 싶은 마음을 다잡아야 공부할 수 있다. 자기 조절력이 발달하지 않은 유아기, 초등 저학년에 과도한 학습을 강요하거나, 선행을 무리하게 시키면 산만한 똑똑이가 된다. 유아기와 초등 저학년에는 자기주도학습능력을 기르기 위해 자기 조절력을 먼저 길러줄 것을 권한다.

방법은 간단하다. 아이들은 놀면서 신체 조절력을 기르고, 친구들과 함께하며 관계 조절력을 기른다. 감정 조절력, 대인관계 조절력도 모두 놀이를 통해 배운다. 아이가 부모의 안전한 울타리 안에서 마음껏 뛰어놀고, 많은 경험을 할 수 있게 도와줘야 한다. 신체, 시간, 관계, 감정 등에서 조절력을 키워주기 위해 초등 저학년 때까지는 창의성을 발휘할 수 있는 자유 놀이를 많이 하라고 권한다. 쉽게 말해 놀거리를 주지 말고 알아서 놀게 두면 된다. 위험한 상황이거나, 반드시 어른이 나서야 할 때만 도움을 주고 나머지는 아이가 알아서 놀게 하면 조절력은 자연스럽게 자란다.

2) 메타인지가 뛰어나다

메타인지는 쉽게 말해 내가 아는 것이 무엇인지 알고, 내가 모르는 것이 무엇인지를 아는 것이다. 문제집을 채점할 때, 부모는 아이가 몇 점을 맞았는지에 관심을 쏟는다. 틀리면 아이를 혼내는 이유다. 그렇지만 무엇을 모르는지 알기 위해서는 틀린 문제에 집중해야 한다. 왜 틀렸는지, 어떤 부분에서 실수했는지 스스로 찾게 하고 비슷한 문제를 다시 풀면서 모르는 것을 줄여나가야 한다. 따로 오답 노트를 작성해도 좋지만 형식적인 기록은 의미가 없다. 문제집에 어떤 부분이 틀렸고 왜 틀렸는지를 작성해 보는 것만으로도 도움이 된다. 메타인지가 있어야, 중고등학교 시기에 어떤 부분이 부족하니 학원의 도움을 받겠다, 이 정도 배웠으니 혼자서 복습하겠다 등 공부 방식을 스스로 정할 수 있다. 메타인지는 학습 과정을 점검하고 효과적인 학습법을 찾는 데 필수적인 요소로, 이 능력을 갖춘 아이는 같은 시간에도 효율적인 공부 방법을 찾는다.

메타인지를 키우기 위해서는 부모의 올바른 피드백이 중요하다. 아이가 글씨를 엉망으로 쓰거나, 문제를 틀리면 피드백을 주지 않고 비난한다. "똑바로 봐야지. 무슨 생각을 하는 거야? 이게 글씨니? 누가 이걸 알아보겠니?" 아이가 잘했으면 하는 마음에 화가 나고, 화가 나는 것도 당연하다. 하지만 아이들은 내용보다는 말에 담긴 감정에 집중한다. 자기주도학습능력을 키우고 메타인지를 키우고 싶다면 비난이 아닌 피드백을 줘야 한다. 좋은 피드백을 위한 3단계를 따라 해보자.

- **1단계: 잘한 것을 찾아 인정하고 칭찬하기**

  예) **"읽어준 걸 들어보니 내용이 좋다." "계산하는 과정을 보니 방법을 아는 것 같은데."**

- **2단계: 개선할 점과 이유를 말해주기**

  예) **"글씨체 때문에 내용이 빛을 보지 못하고 있네!" "계산 실수 때문에 너무 아깝게 틀린 것 같아."**

- **3단계: 실행할 수 있는 수준의 해결책을 알려주기**

  예) **"전부 다시 쓰기는 힘드니, 가장 멋진 이 문장만 다시 써놓자." "받아 올림**

을 할 때, 표시를 명확하게 해두자." "동그라미를 해두는 건 어때?" "다른 색으로 표시해 두면 어떨까?"

3) 내적 동기가 뛰어나다

내적 동기가 뛰어난 아이들은 부모가 시켜서 하는 게 아니라 스스로 하고 싶어서 공부한다. 사실 정확히 말하면 공부하고 싶어서가 아니다. 공부하고 싶은 아이는 없다. 성취감을 맛보고 싶어서다. 100점을 받은 아이는 다음번에도 100점을 받는 기쁨을 느끼고 싶어 한다. 성취감을 맛본 아이들은 어떤 과정이 성취감을 주는지 안다. 다시 말하면, 자신에게 맞는 공부 방법을 안다는 뜻이다. 성적이 그렇게 중요하지 않은 시기부터 성취감을 경험해야 한다. 아이 수준에 맞는 목표를 설정해서 그 목표에 도달하는 성취감을 맛보게 해주는 것이 중요하다.

'100점 받자', '반에서 1등 하자'가 아니다. 지난번 점수가 80점이었다면, 이번 점수는 85점을 목표로 한다. 지난번 나보다 더 나아지는 것이 목표다. 매일 집중해서 두 시간 시험공부하기, 혹은 시험을 위해서 내가 정한 계획을 잘 지키기를 목표로 한다. 공부는 결과가 아니라 과정이다. 학창 시절의 학습 결과가 성인이 되었을 때의 성공적인 인생을 결정하지 않는다. 또 최선을 다했더라도 결과는 나쁠 수 있다. 아이의 더 나은 인생을 위해 부모가 해야 할 것은 목표를 세우고 그것을 달성하는 과정, 계획을 지켜내는 과정을 칭찬하는 것이다. 그렇다면 이제 본격적으로 어떤 공부를 어떻게 도와줄 수 있을지 알아보자.

4
장

영어,
초등에 결정 안 난다

영어는 말하기에서 시작된다

내가 초등학교 1학년 때만 해도 영어가 지금처럼 중요하지 않았다. 운이 좋게도 동네에 동시통역사이자 외국인 학교 선생님이 계셨고, 선생님의 육아 휴직 중에 시작한 그룹 과외는 6년 동안 이어졌다. 처음 2년간은 듣고 말하기에만 집중했고, 그다음 2년은 쓰기를, 그다음 2년은 문법을 배웠다. 테이프를 듣던 시절이라 숙제로 받은 테이프가 늘어질 때까지 듣고 또 들었다. 수업 시간에도 테이프 듣고 따라 하기, 선생님 따라 하기, 노래 부르기, 역할극 하며 말하기에 집중했다. 'Cat'을 '고양이'라고 알려주시지 않고, 그림을 보여주며 습득하게 하셨다.

나는 그렇게 영어를 좋아하는 어른으로 자랐다. 초등 6년을 제외하고는 중학교 때 영어 사교육 없이 국제고에 입학했고, 고등학교 때도 다른 사교육이나 온라인 강의 없이 학교 수업만으로 수능 영어 1등급을 받았다. 선생님의 탁월한 교육 방법 덕분이었다. 내가 배운 영어는 모국어 습득 과정과 매우 유사했는데, 제일 먼저 말하기 능력부터 키웠다. 이후에 알파벳을 배우고 단어나 문장을 소리 나는 대로 썼다. 내가 말할 수 있는 문장을 소리 나는 대로 썼기 때문에, 알파벳을 배우자마자 문장을 쓸 수 있었다. 그다음 책을 읽으며 단어나 문법의 정확성을 키웠고, 어려운 단어를 외우며 읽기와 독해력을 쌓았다.

우리는 보통 영어를 가르칠 때 알파벳부터 시작한다. 파닉스를 가르치고, 단어를 외우게 하고, 그 단어를 조합해 말하게 하고, 책을 읽게 한다. 독해 문제집을 풀게 하고 나서야 언제쯤 말하기가 터질까 기다리는데, 말하기는 하나도 가르치지 않았으니 여전히 어렵다.

내가 어린이 영어 말하기 스터디를 진행했을 때 가장 많이 받은 질문은 파닉스를 모르는데 영어 공부를 어떻게 하는지, 영어책을 한 번도 읽은 적이 없는데 영어 말하기가 가능한지였다. 한 살짜리 아이가 글자를 알아서 말하는 것이 아니듯, 영어도 글자를 몰라도, 영어책을 못 읽어도 말할 수 있다. 반드시 글자 학습 이전에 영어 말하기부터 시작되어야 한다.

별책부록

학부모님 숙제를 해결해 드립니다!

최은아 지음

숙제1 학부모 상담

숙제2 학생기초 조사서 작성

숙제3 학부모 참관수업과 참관록 작성

웅진지식하우스

일러두기

- 이 부록은 새 학년을 맞은 학부모가 학교와의 첫 소통을 준비할 때 활용할 수 있는 자료입니다.
- 예시를 그대로 따라 하기보다는 우리 아이의 상황에 맞게 조정해서 활용하시기 바랍니다.

차례

학부모 상담은 가정에서의 아이와 교실에서의 아이를 하나의 모습으로 연결하는 자리다. 담임 선생님은 학교생활에서, 학부모는 가정에서 아이를 관찰한다. 상담은 이 두 정보를 맞춰보는 과정이다.
“잘하고 있나요”와 같은 확인형 질문보다, 특정 상황을 전제로 한 질문이 교실에서의 실제 장면을 끌어낸다. 질문은 학습 태도, 또래 관계, 생활 습관 중 반복되는 장면을 기준으로 잡는 것이 효과적이다.
1학기와 2학기의 상담은 성격과 목적이 다르다. 상담 시점에 따라 전달할 정보와 질문의 초점이 달라지므로 이를 구분해 살펴보자.

우리 아이 제대로 전달하는

학부모 상담법

1학기 상담과 2학기 상담은 다르다

1학기 학부모 상담 초기 적응 · 가정 정보 공유 중심	1학기 상담은 선생님께서 아직 아이를 충분히 파악하지 못한 시기이므로, 아이에 대한 정보를 상세하게 전달해 주는 것이 큰 도움이 된다. 성격, 생활 습관, 건강 상태, 친구 관계, 학습 태도 등을 알려드리면 된다.
2학기 학부모 상담 학습·생활·사회성 발전 중심	2학기 상담은 우리 아이가 학교에서 어떻게 성장하고 있는지를 확인하는 자리다. 한 학기 동안의 학교생활을 바탕으로 선생님의 피드백을 듣는 시간으로, 성장한 점, 부족한 점을 공유한다. 2학기에 더 보완해 성장할 방법을 나누고, 가정에서의 지도 방향을 논의하면 된다.

1학기 상담은 부모가 아이를 설명하는 시간이다. 아이의 성향, 살펴봐야 할 점, 도움이 필요한 부분을 솔직하게 전달해야 한다. 단점을 숨기는 건 아이에게 결코 도움이 되지 않는다.

선생님은 아이를 객관적으로 바라보는 전문가다. 한부모 가정이면 아이가 소외감을 느끼지 않도록 수업 내용을 조정한다. 아이가 언어치료를 받고 있으면 알아듣기 쉽게 천천히 설명하고, 발표할 때 혹시나 당황하지 않도록 살핀다. 선입견을 가질까 봐, 아이를 안 좋게 볼까 봐 중요한 이야기를 하지 않으면 결국 손해를 보는 건 내 아이이다.

내 아이의 단점을 말하면 아이를 제대로 못 키운 것 같아서 부끄러울 수도 있지만, 그 순간의 부끄러운 감정보다 아이가 배려받고 성장할 기회를 얻는 일이 훨씬 중요하다. 1학기 상담에서는 아이의 어려움과 지금 꼭 도와주고 싶은 부분을 솔직하게 나누면 된다.

그리고 2학기 상담에서는 반드시 이 질문을 해야 한다.

"선생님 1년 동안 지켜보시면서, 가정에서 좀 더 챙겨줘야 할 아이의 부족한 부분은 무엇인가요?"

장점만 있는 사람은 없다. 어쩌면 아이들은 장점보다 단점이 많은 존재다. 그래서 가르쳐야 하고 배우고 익히며 사회인으로 자란다. 수백 명의 아이를 봐온 선생님은 아이가 완벽할 수 없다는 걸 누구보다 잘 안다. 그러니 아이의 단점을 물어보고 선생님과 이야기 나누는 걸 어려워하지 말자.

선생님은 하루 대부분을 아이와 보내며 부모보다 더 다양한 모습을 보는 사람이다. 아이의 학업, 교우관계, 정서에서 부족한 부분은 무엇인지, 집에서 무엇을 더 도와야 다음 학년을 잘 준비할 수 있을지 꼭 여쭙자.

진정으로 아이를 돕고 싶어 하는 부모님께 아이 단점만을 불편하게 말할 선생님은 없다. 함께 해결책을 찾고자 하는 마음을 보인다면, 선생님도 기꺼이 아이를 어떻게 지원할 수 있을지 말씀해 주실 것이다. 잠시 속상하고 창피한 것 때문에 아이를 더 잘 이해하고 도울 수 있는 기회를 흘려보내지 말자.

아이의 강점과 약점 전달

부모는 아이의 강점과 약점을 객관적으로 평가하고 균형 있게 이해하는 것이 중요하다. 아이의 행동을 미화하거나 숨기지 말고, 아이의 강점과 약점을 솔직하게 선생님께 전달해야 한다. 선생님이 아이를 지원할 수 있도록 명확하게 전달하면 아이의 발전에 더 큰 도움이 된다. 학생기초조사서에 작성했던 내용을 바탕으로 질문하거나 작성하지 못했던 내용을 이야기 나누면 된다.

아이의 사회성 및 친구 관계 점검

아이가 친구와의 관계나 학교생활 적응에 어려움을 겪을 수도 있으므로, 아이의 사회적 특성을 선생님과 공유한다. 아이가 친구들과 잘 어울리는지, 친구와의 갈등을 잘 해결하는지 등에 대해 말씀드리면 선생님이 아이의 친구 관계를 살피는 데 도움이 된다. 지난해 갈등이 있었던 친구가 있다면 말씀드리고, 어떻게 도울 수 있을지 의논해 보자. 무조건 부딪히지 않는 것보다는 갈등 상황을 지혜롭게 헤쳐나갈 수 있는 방법을 찾는 것이 더 도움이 된다.

★ 이렇게 물어보세요 | 사회성 편 ★

- 친구들과 어울리는 걸 좋아하지만, 먼저 다가가는 건 어려워해요.
- 의견이 다를 때 쉽게 삐치는 편인데, 학교에서도 그런 모습이 있나요? 감정을 조절하는 연습은 어떻게 도와주면 좋을까요?
- 친구들과 놀 때도 규칙을 엄격하게 적용하려고 해요. 이 때문에 친구들과 갈등 상황을 만들기도 해서 걱정입니다. 가정에서 어떻게 지도하면 좋을까요?
- 놀이에서 질 경우 감정을 잘 못 다스리는 편이에요. 어떻게 해야 승패를 자연스럽게 받아들일 수 있을까요?
- 집에서는 친구 이야기를 잘 안 하는데, 학교에서는 친구들과 대화를 잘 하는지 궁금해요.
- 친한 친구에게만 의존하는 경향이 있는데, 폭넓은 관계를 맺도록 도울 방법이 있을까요?
- 놀이 시간보다는 조용히 책을 읽거나 혼자 있는 걸 좋아하는데, 친구들과 어울리는 시간이 필요할 것 같아요.
- 친구들과 의견이 다를 때 감정을 쉽게 표현하지 않는 편인데(혹은 강하게 표현하는 편인데), 적절하게 의사 표현을 할 수 있도록 집에서도 연습시키고 싶어요.

- 장난을 심하게 받아들이는 편인데, 상황을 유연하게 받아들이도록 키우고 싶어요.
- ○○ 친구와 작년에 갈등 상황이 자주 있었어요. 올해 같은 반이 되었는데 어떻게 하면 지혜롭게 해결할 수 있을지 도와주세요.
- 경쟁심이 강해서 지는 걸 싫어해요. 건강한 경쟁을 할 수 있도록 지도하려면 어떻게 하면 좋을까요?
- 작은 일에도 쉽게 서운해하는데, 감정을 조절하는 연습이 필요할까요?
- 가끔 감정을 표현하는 걸 어려워해요. 어떻게 해야 감정을 잘 드러내도록 도와줄 수 있을지 고민입니다.
- 실수하면 크게 낙담하는데, 실수를 긍정적으로 받아들이는 방법이 있을까요?
- 칭찬을 받으면 쑥스러워하는데, 자신감을 키울 방법이 있을까요?
- 집에서는 혼자 노는 걸 좋아하는데, 학교에서도 그런가요?
- 아이가 모든 걸 잘하고 싶어 해서 스트레스를 받을 때가 있어요. 실수를 긍정적으로 받아들일 수 있도록 돕는 방법이 있을까요?

학습 지원 방법과 조언

선생님이 아이를 이해하는 데 도움이 되도록 가정에서 어떤 학습 습관을 가지고 있는지 이야기해 드리면 좋다. 아이가 숙제하는 방식, 공부하는 시간대, 학습에 대한 태도 등을 이야기하면 그에 맞는 방법을 알려주신다. 상담에서는 지난해, 혹은 지난 학기 학습에서의 어려움을 구체적으로 말씀드리고, 가정에서 어떻게 도와줄 수 있을지를 여쭤보자.

특히 아이의 학습에 특별한 지원이 필요하다면 이를 선생님과 공유해야 한다. 교육청에서 진행하는 다양한 학습 지원 프로그램을 통해 아이에게 맞는 도움을 받을 수 있다. 부모가 아이의 학습 스타일을 파악하고 선생님과 함께 적절한 지원 방법을 논의하는 것이 중요하다.

★ 이렇게 물어보세요 | 학습 편 ★

- 활동적인 편이라 수업 중에도 많이 움직일까 봐 걱정이에요. 집에서 무엇을 해주면 좋을까요?
- 틀리는 걸 싫어해서 어려운 문제는 아예 시도하지 않으려고 해요. 자신감을 키우는 방법이 있을까요?
- 수학보다는 국어를 더 좋아하는데, 골고루 관심을 가질 방법이 있을까요?
- 학습 태도는 좋은 편이지만, 필기 정리가 느려요. 이 부분을 보완할 방법이 있을까요?
- 수업 내용을 노트에 정리하는 걸 어려워하는데, 필기 습관은 어떻게 길러주면 좋을까요?
- 책상에서 오래 앉아 있는 걸 힘들어하는데, 집중력을 키우려면 어떻게 하

면 좋을까요?

- 아이가 집에서 복습할 때, 중요하게 생각해야 하는 것이 있을까요?

아이의 특수한 건강 상태 및 치료 사항

아이가 언어치료, ADHD, 틱장애, 자폐 스펙트럼 등과 같은 특수한 건강 문제를 겪고 있는 경우, 반드시 선생님께 전달해야 한다. 이러한 문제는 아이의 학습 능력과 학교생활에 직접적인 영향을 미칠 수 있기 때문에, 정확한 정보를 제공하는 것이 중요하다. 선생님은 이를 바탕으로 아이의 학습 스타일과 환경을 조정하고 올바른 방법을 찾을 수 있도록 돕는다.

예를 들어, ADHD나 틱장애가 있는 아이는 선생님이 더 자주 확인하거나, 주의를 환기하는 방법으로 아이를 도울 수 있다. 아이마다 필요한 도움이 다르고 아이에게 효과적인 방법은 부모가 가장 잘 알고 있으므로, 선생님께 미리 알려드리면 아이가 학교에서 잘 적응할 수 있도록 도와주신다.

가정환경 및 가족관계

한부모 가정, 다문화 가정 등 가정환경에 대한 정확한 정보를 선생님께 알려드려야 한다. 선생님이 가정환경에 대한 정보를 알고 있으면, 아이가 겪을 수 있는 정서적 어려움을 보다 민감하게 파악하고, 적절한 지원과 함께 수업 내용에서도 아이를 배려해 주실 수 있다.

워킹맘·워킹대디 학부모 상담

반드시 학부모 상담 기간에 학교를 방문해서 상담해야 하는 건 아니다. 학교를 방문하지 않아서 혹시 선생님께서 안 좋게 보시진 않을까 걱정하지 말자. 선생님들도 워킹맘·워킹대디다. 전화상담만으로도 충분하다. 학교 상담은 언제나 열려 있고, 꼭 상담 기간이 아니더라도 하이클래스 등의 학급 소통 어플로 약속을 미리 잡고 선생님과 통화하면 된다.

학부모 상담 Q&A

Q 상담하러 갈 때, 커피나 음료를 사서 가도 될까요?

A 아니요, 빈손으로 오셔야 합니다.

Q 아빠가 같이 가도 되나요?

A 그럼요, 누구든 상담에 함께 참여할 수 있어요. 부모님이 바쁘시면 다른 양육자분이 오셔도 됩니다.

Q 상담은 몇 분 정도 하나요?

A 학교마다 다르지만, 보통 15~20분 정도 소요됩니다. 앞 시간 학부모님께서 오래 상담하시면 시간이 계속 미뤄지니, 미리 오셔서 기다려주시고 상담 시간을 꼭 지켜주시면 좋습니다.

Q 옷은 어떻게 입고 가야 하나요?

A 단정한 복장으로, 편하게 입고 오시면 됩니다.

Q 상담을 꼭 해야 하나요?

A 의무는 아니지만, 아이의 성장을 위해서 선생님과 의논하고 싶은 것이 있다면 오시면 좋겠지요. 너무 부담이 된다면 신청하지 않으셔도 됩니다. 꼭 필요한 상담이 있다면 담임 선생님께서 먼저 연락주실 거예요.

Q 워킹맘이 아닌데도 전화 상담을 요청해도 되나요?

A 그럼요, 물론 됩니다.

Q 상담 주간이 없어지고, 자율 상담으로 바뀌었습니다. 상담하고 싶으면 어떻게 해야 하나요?

A 학교마다 재량으로 상담 주간이 자율 상담으로 바뀐 곳이 있습니다. 상담을 원하면 언제든지 하이클래스 등으로 요청하시면 됩니다.

학생기초조사서는 아이의 성격, 학습 태도, 건강 상태 등 다양한 정보를 공유해 학기 초 학생에게 필요한 지원과 지도 방안을 세우는 데 중요한 역할을 한다. 특별히 선생님의 도움이 필요한 건강 상태나 학습을 알기 위함이므로 해당하는 것이 없으면 "해당 사항 없음", "특이 사항 없음"이라고 작성하면 된다.

1년 교육 방향 잡아주는

학생기초조사서 작성법

<예시> 학생기초조사서

<table>
<tr><td rowspan="3">학생</td><td>이름</td><td colspan="2">(한글)</td><td>(한자)</td></tr>
<tr><td>생년월일</td><td colspan="2"></td><td>년 월 일</td></tr>
<tr><td>도로명 주소</td><td colspan="3"></td></tr>
<tr><td rowspan="4">보호자</td><td>관계</td><td>이름</td><td>연락처</td><td>맞벌이 여부(○×)</td></tr>
<tr><td></td><td></td><td></td><td></td></tr>
<tr><td></td><td></td><td></td><td></td></tr>
<tr><td></td><td></td><td></td><td></td></tr>
<tr><td rowspan="3">형제자매</td><td>관계</td><td>이름</td><td colspan="2">(본교 재학 중일 경우) 학년 반</td></tr>
<tr><td></td><td></td><td colspan="2"></td></tr>
<tr><td></td><td></td><td colspan="2"></td></tr>
<tr><td rowspan="4">장점
특기
취미</td><td colspan="2">학생의 흥미 및 적성</td><td colspan="2">장래 희망</td></tr>
<tr><td colspan="2"></td><td rowspan="2">학생</td><td rowspan="2"></td></tr>
<tr><td colspan="2"></td></tr>
<tr><td colspan="2"></td><td>보호자</td><td></td></tr>
<tr><td>식품 알레르기,
신체적으로
약한 부위 등
건강상 주의할 점</td><td colspan="4">* 혹시 자녀에게 알레르기가 있거나 조심해야 할 음식이 있으면 반드시 알려주시기 바랍니다.</td></tr>
<tr><td>담임교사에게
하시고 싶은 말씀
또는 참고 사항</td><td colspan="4">* 가족 특이 사항이나 가정환경, 경제적 문제, 신체상 이유로 인해 담임의 배려가 필요한 부분 등 어떤 내용이든 좋습니다.</td></tr>
<tr><td colspan="5">위와 같은 개인정보 수집 및 이용에 동의합니다. □ 동의 □ 미동의

20 년 월 일 동의자: (서명)</td></tr>
</table>

작성 시 유의 사항

정확한 정보를 제공해야 한다. 모호하게 작성하면 아이에게 꼭 필요한 지원을 받기 어려울 수 있다. **아이의 긍정적인 면을 강조하되 개선이 필요한 부분도 솔직하게 작성해야 선생님이 도움을 줄 수 있다.** 단점을 쓰는 것이 부담스러울 수 있지만, 선생님과 학부모가 아이를 도와주는 한 팀이라 생각하면 아이의 1년에 큰 도움이 된다. 부모님의 마음보다는 학생에 대한 정확한 정보를 작성해야 한다.

학생기초조사서/학생건강조사서/알레르기조사서

학기 초에는 중복되는 내용으로 작성하는 서류가 많다. 그렇지만 각 선생님께서 알고 계셔야 하므로 꼼꼼히 작성해서 회신 기간 내에 제출한다.

- **학생기초조사서:** 담임 선생님
- **학생건강조사서:** 보건 선생님
- **알레르기조사서:** 영양 선생님

이런 것까지 적어야 하나, 혹은 쓸까 말까 고민되는 사항은 반드시 작성하는 것이 좋다. 이런 정보는 아이를 부정적으로 보게 하는 게 아니라 선생님과 학부모가 함께 아이의 성장을 돕는 데 쓰인다. 학기 초 작성이 부담된다면 1학기 학부모 상담 때 전달해도 충분하다.

학생기초조사서에 꼭 담아야 할 정보

건강 상태

아이의 신체적 건강과 정신적 건강에 대한 내용을 작성한다. 이를 바탕으로 선생님이 도움이 필요한 상황을 미리 알고 주의하거나 응급 상황에 대처할 수 있다.

★ 예시 문구

- 특별한 알레르기나 질병 없이 건강합니다.
- 알레르기가 있어 (   ) 음식 섭취 시 주의가 필요합니다.
- 특정 음식 알레르기(유제품, 견과류)가 있어 급식 시 주의가 필요합니다.
- 음식 알레르기로 땅콩을 섭취하지 않습니다.
- 천식이 있어 운동 시 주의가 필요합니다.

- 심장질환으로 인해 무리한 신체 활동을 피해야 합니다.
- 난청이 있어 특정 방향에서 말할 때 잘 듣지 못하는 경우가 있습니다.
- (   ) 질환으로 치료 중이며, (   )와 같은 증상이 있으면 응급 대처가 필요합니다.
- 최근 ADHD 진단을 받아 치료 중이며, 집중력이 부족할 때가 있습니다.
- 언어치료를 받고 있으며, 발음 교정이 필요한 상태입니다.
- 틱장애가 있어 긴장하거나 스트레스를 받으면 반복적인 움직임이 나타납니다.
- 과잉행동이 있어 가끔 수업 중 자리에서 일어나는 경우가 있습니다.

행동 특성 및 생활 습관

선생님께서 학교에서 함께 지도해 주셨으면 하는 지각, 편식, 미루는 습관, 성격 등의 생활 습관이나 행동을 작성하면 된다.

★ 예시 문구

- 편식이 심합니다. 급식 시간에 조금이라도 먹을 수 있게 지도해 주세요.
- 편식이 심합니다. 억지로 먹이면 토를 하니 그냥 두셔도 됩니다.
- 내성적이라 발표할 때 소극적입니다.
- 감정 표현이 서툴러 기쁨과 슬픔을 쉽게 표현합니다. 선생님의 지도를 부탁드립니다.

- 낯을 가리지만, 친해지면 적극적으로 소통하는 편입니다.
- 혼자 시간을 보내는 것을 좋아하지만 친구들과도 잘 어울립니다.
- 새로운 경험을 두려워하지 않고 도전적인 성격입니다.
- 주장을 강하게 표현할 때가 있습니다. 교우관계에서 선생님의 지도를 부탁드립니다.
- 처음 만나는 친구들과도 쉽게 어울리며 활발하고 외향적입니다.
- 활동적인 놀이나 체육을 좋아합니다.
- 혼자 있는 것을 좋아하고 책 읽기나 그림 그리기를 좋아합니다.
- 친한 친구에게만 마음을 터놓는 편입니다.
- 작은 지적에도 쉽게 상처를 받아 친구 관계에서 자주 서운함을 토로하는 편입니다. 가정에서도 지속적으로 지도하고 있습니다.

특기 및 학습 상황

아이의 학습 태도와 특기 및 흥미를 기록한다. 특히 학습적인 어려움을 작성해 주면, 학기 초 선생님이 수업하시면서도 중간중간 적절한 도움을 줄 수 있다.

★ 예시 문구

- (수학) 과목을 좋아하고, (사회) 과목에 어려움이 있습니다.
- 수학에서 연산 실수가 많습니다.

- 글쓰기를 좋아하지만 읽기에서 글의 내용이 길어지면 집중을 잃을 때가 있습니다.
- 외국어 학습에 흥미가 있어 여러 언어를 배우려고 노력합니다.
- 과학 실험에 흥미가 있으며, 관련된 외부 활동을 하고 있습니다.
- 독서를 좋아하며, 다양한 분야의 책을 읽고 있습니다.
- 소근육 발달이 늦어 필기 속도가 느리며, 글씨 쓰기가 어렵습니다.
- 가정에서도 지도하고 있으나 읽기와 쓰기에 어려움을 겪고 있습니다.
- 글쓰기에 흥미가 있으며, 꾸준히 일기를 쓰고 있습니다.
- 체육 활동에 자신감이 있으며, 운동을 좋아합니다.
- 발표를 잘하며, 사람들 앞에서 이야기하는 것을 좋아합니다.
- 그림을 통해 자신의 감정을 표현하는 것을 좋아합니다.
- 손재주가 좋아 공예나 만들기를 잘합니다.
- 컴퓨터 프로그래밍에 관심이 있으며, 코딩을 배우고 있습니다.
- 역사에 관심이 많습니다.
- 체계적으로 정리하는 것을 어려워합니다. 올해 필기 습관을 길러주시면 감사하겠습니다.
- 새로 배우는 개념은 금방 습득하지만, 익숙해지면 흥미를 잃는 경향이 있습니다.
- 실험이나 실습으로 배우는 것을 좋아하며, 직접 해보는 것을 선호합니다.
- 암기력이 좋아 새로운 개념을 쉽게 익히지만, 문제 적용에는 어려움을 느낍니다.

선생님께 드리고 싶은 말

작성하지 않아도 되지만, 선생님과 공식적으로 나누는 첫인사이므로 개인적으로는 꼭 작성하기를 추천한다. 따뜻한 마음을 전하는 인사는 선생님께 큰 응원과 위로가 된다. 예시 문구를 참고해 작성해 보자. 좋은 인상을 남길 수 있을 것이다. 많지는 않지만 아주 가끔, 지난 학년 선생님에 대한 불만이나 다른 아이를 배려하지 않는 무리한 부탁을 작성하시는 학부모님도 계신다. 서면이지만 첫 만남이므로 상호 간 예의를 갖추는 편이 좋겠다.

★ 예시 문구

- 선생님, 한 해 동안 가정에서도 함께 노력하며 지도하겠습니다. 부족한 점이 많겠지만 잘 부탁드립니다.
- 새로운 학년을 맞아 아이도 많이 설렌다고 합니다. 가정에서도 아이가 잘 적응할 수 있도록 돕겠습니다.
- 건강과 행복이 가득하시길 바랍니다. 아이가 잘 적응할 수 있도록 많은 가르침 부탁드립니다.
- 아이가 학교생활을 즐겁게 할 수 있도록 가정에서도 관심을 가지고 지도하겠습니다. 앞으로 잘 부탁드립니다.
- 선생님과 함께 아이의 성장을 돕고 싶습니다. 많이 배울 수 있도록 지도해 주시면 감사하겠습니다.

- 늘 아이들을 위해 애써주심에 감사의 마음을 전합니다. 부족한 부분이 있다면 따끔한 지도로 부탁드립니다.
- 첫걸음을 내딛는 아이에게 많은 가르침 주시길 부탁드리며, 학부모로서도 성심껏 돕겠습니다.

기타 사항

가정 환경과 관련하여 교사가 알아두어야 할 사항이 있다면 '선생님께 드리는 말씀' 앞에 한 문장 추가하면 된다. 가족 관련 수업 시 참고하거나 학생 지원이 필요할 경우 선생님께서 해당 학생을 먼저 고려하여 안내하실 수 있다.

★ 예시 문구

- OO는 현재 (엄마/아빠)와 생활하는 한부모 가정에서 자라고 있습니다.
- 부모의 맞벌이로 등하교는 (　　　)께서 도와주십니다. 학교 관련 긴급 연락은 (　　　)께 주시면 됩니다.
- OO는 다문화 가정에서 자라고 있으며, (어머니/아버지)의 국적은 OO입니다.

(참고: 다문화 가정을 위한 알림장, 가정통신문 번역 서비스가 있는 지역이 있으니 해당하는 가정이 있다면 반드시 찾아보자.)

학부모 참관수업은 아이의 학습 태도와 상호작용을 관찰하고, 담임 선생님의 수업을 이해하는 시간이다. 보통 1년에 1회 정도 진행되며, 학교 및 학년별로 일정이 다를 수 있다. '공개수업', '수업 참관일', '수업 공개의 날' 등으로 불리기도 한다. 아이의 수업 참여도, 교우와의 관계 등을 직접 확인할 수 있고, 아이 교육에 대한 의견을 나눌 수 있는 기회다.

똑똑하게 남기는

학부모 참관수업과 참관록 작성법

학부모 참관수업 전 확인할 것

준비물

단정한 복장으로 참여한다. 뒤에 서서 보기 때문에 구두보다는 편안한 신발을 추천한다. 학교에서 여분의 펜을 준비하겠지만 개인 필기구를 챙겨 가면 등록부 및 참관록을 작성할 때 도움이 된다.

형제자매의 일정이 겹칠 때

학교 시간표를 확인해 아이들의 수업 시간이 겹치지 않는지 확인한다. 만약 겹친다면, 참관수업 참여 우선순위를 정해 한 아이의 수업을 먼저 참관한 후, 다른 아이의 수업으로 이동하면 된다. 참관수업 전날이나 아침에 아이들에게 미리 말해주면 좋다.

"○○이 수업을 먼저 보고, 20분 뒤에 □□이 수업에 들어갈게."

새로운 환경에서 긴장을 더 많이 하는 아이의 수업을 먼저 참관하는 것도 좋은 방법이다. 선생님도 부모님의 상황을 이해하고 있으므로, 수업에 방해되지 않는 선에서 편하게 이동해도 된다.

반드시 가야 할까?

아이는 오래전부터 참관수업을 기다린다. 그동안 배우고 발전한 모습을 부모님께 보여주고 싶기 때문이다. 이날 하루만큼은 시간을 내어 아이의 성장을 확인하고 수업에 참여하는 모습을 지켜봐 주자. 부모님이 안 오시면 속상해서 우는 아이들도 종종 있는데 보는 선생님도 마음이 아프다.

참관 시 유의사항

아이의 긴장된 모습 이해하기

참관수업에서는 아이가 다소 긴장하거나 평소와 다르게 참여가 적어 보일 수 있다. 아이가 새로운 환경에 놓인 상황임을 이해하고, 적극적으로 참여하지 않더라도 너무 걱정하지 않아도 된다. 특히 1학기 참관수업에서는 더욱 자연스러운 모습이니 염려를 내려두자. 다른 아이들과 비교하기보다 아이의 수업 참여 모습을 긍정적으로 지켜보고 격려하는 것이 중요하다.

사진 및 영상 촬영

선생님과 학생들의 초상권 보호를 위해 수업 중 사진이나 영상 촬영 및 녹화, 녹음은 금지다. 초상권 사용 동의서를 받지 않은 사적인 촬영은 삼가야 한다. 또한 촬영을 위해 수업 중 아이 옆으로 갑자기 다가가거나 아이 이름을 부르면 수업에 방해가 되니 삼가자.

등록부와 참관록 작성

등록부 작성은 필수다. 아이가 여러 명이라면 등록부를 각각 작성해야 한다. 참관록 작성이 필수는 아니지만 작성하면 담임 선생님께 도움이 된다. 수업 중 관찰한 아이의 학습 태도, 사회성, 선생님과의 상호작용 등을 가볍게 기록한다.

긍정적인 피드백 및 개선점 지원

아이의 노력과 성취를 인정하고 칭찬함으로써 자신감과 학습 동기를 높여줄 수 있다. 참관수업 후에는 반드시 아이에게 칭찬만 해주자. 만약 참관수업에서 개선이 필요한 부분을 발견했다면 선생님과 협력해 적극적으로 해결 방안을 찾아본다.

학부모 참관수업 Q&A

Q 참관수업에 선생님께 드릴 음료를 사서 가도 되나요?

A 아니요, 반드시 빈손으로 오셔야 합니다.

Q 수업이 끝난 후에 선생님께 인사드려도 되나요?

A 감사 인사를 전해주시면 선생님께서도 감동하실 것 같습니다.

Q 몇 시까지 도착해야 하나요?

A 수업 시작 10분 전, 쉬는 시간에 미리 와주시면 가장 좋습니다.

Q 참관수업이 끝나고 쉬는 시간에 아이와 인사하고 가도 될까요?

A 쉬는 시간이 10분밖에 없으므로 다음 수업을 위해 간단한

인사만 짧게 해주시면 좋습니다.

Q 일정이 있어서 못 간다고 회신했는데요, 가도 될까요?

A 사전 인원 파악을 위한 회신문이므로, 물론 오셔도 됩니다.

Q 간다고 회신해서 보냈는데, 못 가게 되었습니다. 어떻게 해야 하나요?

A 못 오셔도 괜찮습니다. 따로 선생님께 전달하지 않으셔도 되지만 아이에게는 꼭 이야기해 주셔야 합니다.

Q 한 명만 갈 수 있나요?

A 학교에서 특별히 요청한 사항이 없다면, 가족분들 누구든지 함께 오셔도 됩니다.

참관록 작성하기

<예시> 학부모 공개 수업 참관록

20○○학년도 학부모 공개 수업 참관록

학부모님, 안녕하십니까?
바쁘신 일정 중에도 학교 교육에 관심을 갖고 참석해 주셔서 깊이 감사드립니다.
참관하시면서 느끼신 점을 솔직하게 작성해 주시면,
더 좋은 수업과 행복한 학교를 만드는 데 소중한 자료로 활용하겠습니다.

◎ 기본 사항

1. 일 시 : 20○○년 월 일 (교시)
2. 학 년 반 : 학년 반
3. 단원(주제) :
4. 수 업 교 사 : (인)
5. 참 관 자 : 학부모 (인) (자녀:)

◎ 수업 참관 체크리스트

※ 해당하는 칸에 '✓' 또는 'O' 표시를 해주세요.

평가 항목	매우 우수	우수	보통	미흡
[수업 내용] 수업 목표가 명확하고 내용이 알차게 구성되었나요?				
[교수 활동] 학생들의 흥미를 유발하고 적극적인 참여를 이끌어냈나요?				
[학생 태도] 학생들이 즐겁게 학습 활동에 참여하고 경청하였나요?				
[학급 분위기] 교실 환경이 정돈되어 있고 존중하는 분위기인가요?				

◎ 참관 소감 및 제언

수업 흐름을 중심으로 작성하는 법

참관록은 수업을 보며 관찰한 내용을 남기는 기록이다. 선생님은 참관록을 통해 수업 운영과 학급 분위기에 대한 학부모의 시선을 참고한다. 참관록에는 수업 전체에 대한 소감을 작성하거나, 수업 중 실제로 관찰한 장면을 작성해도 좋다. 아이들이 활동에 참여하는 모습, 교실의 분위기, 선생님의 지도 방식처럼 눈으로 확인한 사실을 중심으로 작성한다. 어떤 내용을 적을지 고민될 때는 수업을 보고 기억에 남은 장면 하나를 떠올려 보자. 아이가 집중하던 순간, 교실 분위기가 달라지던 장면, 인상 깊었던 상호작용을 구체적인 말로 옮기면 된다.

- **학습 목표:** 수업을 통해 학생들이 무엇을 배우고자 하는지
- **수업 전개:** 도입, 전개, 정리 단계에서의 활동 내용
- **교수 방법:** 교사의 설명, 질문, 피드백 방식
- **학생 참여:** 학생들의 참여도, 반응, 상호작용

★ 예시 문구

- 수업의 학습 목표를 명확하게 알려주셔서 아이들이 집중할 수 있었습니다.
- 수업을 시작하시면서 (　　　)의 흥미로운 이야기로 아이들의 관심을 끌어주셔서 좋았습니다.

- 두 번째 (   ) 활동에서 아이들이 적극적으로 참여하는 모습이 인상적이었습니다.
- 수업 마무리에서 배운 내용을 (   ) 활동으로 함께 되짚어보는 시간이 유익했습니다.
- 교과서 외에도 (   )과 같은 다양한 자료를 활용해 수업을 풍부하게 만들어주셔서 감사합니다.
- 아이들의 질문에 친절하게 답해주시는 모습이 따뜻하게 느껴졌습니다.
- 모둠 활동을 통해 아이들이 협력하는 법을 배울 수 있어 좋았습니다.
- 수업 중 아이들의 의견을 존중해 주시는 모습이 인상적이었습니다.
- (   )과 같이 실생활과 연관된 예시를 들어주셔서 아이들이 쉽게 이해할 수 있었습니다.
- 아이들의 작은 성취에도 칭찬을 아끼지 않으시는 모습이 따뜻했습니다.
- 아이들이 스스로 생각할 시간을 주시고 발표할 수 있게 격려해 주셔서 좋았습니다.
- 교실 분위기가 따뜻하고 친근해 아이들이 편안하게 참여할 수 있었습니다.
- 아이들이 즐겁게 학습할 수 있도록 배려해 주시는 모습에 감사했습니다.
- 아이들의 의견을 경청하고 반영해 주시는 모습이 존경스럽습니다.
- 아이들이 서로 도와가며 학습하는 모습을 보니 마음이 따뜻해졌습니다.
- 아이들의 참여를 이끌어내는 다양한 질문이 인상적이었습니다.
- 수업 중 발생하는 문제에 유연하게 대처하시는 모습이 존경스러웠습니다.
- 아이들이 수업 내용을 일상에서 적용할 수 있도록 지도해 주셔서 감사합니다.

- 아이들의 의견을 소중히 여기며 수업을 진행하시는 모습이 감동적이었습니다.
- 수업 중 아이들의 집중력을 높이기 위한 다양한 방법을 활용해 주셔서 감사합니다.
- 아이들의 학습 진도를 세심하게 파악하며 수업을 조절하시는 모습이 인상적이었습니다.
- 아이들이 스스로 답을 찾을 수 있도록 도와주시는 모습이 존경스러웠습니다.
- 수업 중 아이들의 감정을 배려해 주시는 따뜻한 모습이 감동적이었습니다.
- 아이들의 작은 변화도 놓치지 않고 격려해 주시는 세심함에 감사드립니다.
- 아이들이 수업을 통해 성장하는 모습을 볼 수 있어 기뻤습니다.

참관록 평가 항목을 기준으로 작성하는 법

참관록에는 수업을 관찰한 후 평가할 수 있는 객관식 문항이 있다. 이 문항을 참고해서도 작성할 수 있다.

- **수업 내용의 적절성:** 학습 목표와 내용이 학생들의 수준에 맞는지
- **교수 방법의 효과성:** 교사의 설명, 질문, 피드백이 효과적인지
- **학생 참여도:** 학생들이 적극적으로 참여하고 있는지
- **학습 환경:** 교실 분위기와 학습 자료의 활용이 적절한지

★ 예시 문구

- 선생님께서 아이들의 질문에 친절하게 답해주셔서 이해도가 높아졌습니다.
- 아이들이 서로 협력하며 문제를 해결하는 모습이 인상적이었습니다.
- 수업 자료가 다양하고 흥미로워 아이들의 집중도가 높았습니다.
- 교실 분위기가 따뜻하고 안정적이어서 아이들이 편안하게 활동에 참여할 수 있었습니다.
- 아이들의 작은 성취도 격려해 주셔서 아이들이 자신감을 갖게 되었습니다.
- 모둠 활동을 통해 협력의 중요성을 배울 수 있었습니다.
- 선생님께서 개별 학생의 학습 속도를 배려해 주셔서 모두가 잘 따라갈 수 있었습니다.
- 아이들이 스스로 생각하고 표현할 기회를 주셔서 좋았습니다.
- 수업 중 다양한 활동이 포함되어 아이들이 흥미를 느끼며 참여하는 모습이 보기 좋았습니다.
- 아이들의 창의적 사고를 자극하는 활동이 많았습니다.
- 선생님께서 아이들의 의견을 경청하고 존중해 주시는 모습이 감동적이었습니다.
- 학생 개개인의 강점을 잘 파악하고 지도해 주셔서 감사합니다.
- 선생님의 따뜻한 격려로 아이들이 자신감 있게 발표했습니다.
- 아이들이 수업 내용을 생활에 적용할 수 있도록 지도해 주셔서 좋았습니다.
- 선생님께서 아이들과 눈을 맞추고 소통하는 모습이 인상적이었습니다.
- 아이들의 호기심을 자극하는 다양한 활동이 포함되어 있어 참관하는 학부모도 즐거운 수업이었습니다.

- 아이들의 참여를 독려하는 칭찬과 격려가 기억에 남습니다.
- 아이들이 질문하고 토론할 기회를 충분히 주셔서 좋았습니다.
- 아이들이 서로를 배려하며 협력하는 모습을 볼 수 있었습니다.

아이의 수업 활동을 관찰하고 작성하는 법

아이의 집중도, 반응, 참여 태도에 초점을 맞춰 관찰한 점을 기록해도 좋다.

- **아이의 태도:** 집중도와 자발적 참여 여부
- **친구와의 관계 :** 협력과 소통 방식
- **발표 및 참여 모습:** 발언 시도와 표현의 자신감

★ 관찰할 내용

- 학습 준비물을 스스로 챙기나요?
- 올바른 자세를 유지하며 수업을 잘 듣나요?
- 선생님의 설명을 집중해서 잘 듣나요?
- 어려움이 있을 때, 선생님께 질문하며 학습하나요?
- 친구의 발표나 의견을 잘 들어주나요?
- 모둠 활동에서 친구들과 협력해서 활동하나요?

- 발표할 때, 또박또박 자신 있게 참여하나요?
- 수업 활동에 적극적으로 참여하나요?
- 학습 내용을 잘 이해하고 따라 하나요?

★ 예시 문구

- 학교에서도 스스로 준비하는 모습을 보니 안심이 됩니다.
- 집에서 준비물을 챙길 때 가끔 확인이 필요했는데, 학교에서도 비슷한 모습을 보여 스스로 챙기는 습관을 길러줘야겠다고 생각했습니다.
- 학교에서도 준비물을 챙기지 못해 난처해하는 모습을 보니 가정에서 좀 더 도와줘야겠다고 느꼈습니다.
- 밝은 표정으로 수업에 참여하는 모습을 보니 즐겁게 학습하고 있다는 생각이 들어 안심되었습니다.
- 집에서는 관심 있는 활동을 할 때는 즐거워하지만 그렇지 않으면 시큰둥한데, 학교에서도 비슷한 모습을 보이네요. 학습에 더 즐거움을 가질 수 있도록 가정에서 돕겠습니다.
- 집에서 공부할 때는 자세가 흐트러지는 경우가 많은데, 학교에서는 바르게 앉아 수업에 즐겁게 참여하는 모습을 보니 안심이 되었습니다.
- 모든 아이가 수업에 적극적으로 참여하고, 밝은 표정으로 즐겁게 학습하는 모습이 보기 좋았습니다.
- 수업 중 다른 곳에 신경을 쓰거나 집중하지 못하는 모습이 자주 보였습니다. 가정에서 집중하는 습관을 길러줘야겠다고 생각했습니다.
- 친구의 발표에 경청하며, 적극적으로 반응하는 모습이었습니다.

- 친구의 말을 듣기는 하지만, 가끔 다른 데 신경을 쓰는 모습이 보였습니다.
- 친구의 말에 집중하지 않고 자기 말만 하려는 경향이 있었습니다. 가정에서도 경청하는 습관을 길러줘야겠다고 생각하게 된 시간이었습니다.
- 집에서는 다소 소극적인데 학교에서는 선생님의 도움으로 자신감 있게 또렷한 목소리로 대답하는 모습이 보기 좋았습니다.
- 대답할 때 목소리가 작고 자신감이 부족한 모습이 보였습니다.
- 학교에서 발표할 때 다소 조심스러워하는 모습이 보여 좀 더 자신감을 키워줘야겠다고 생각했습니다.
- 주저하거나 대답하지 않는 경우가 많았습니다. 집에서도 자주 대화를 통해 발표 연습을 하면 좋을 것 같습니다.
- 손을 들고 발표하는 등 학습에 적극적으로 참여하는 모습을 보니 잘 적응하고 있구나 싶어 안심되었습니다.
- 흥미 있는 활동에는 적극적인데, 그렇지 않은 부분에서는 소극적인 모습이 보였습니다. 집에서 좀 더 다양한 학습에 흥미를 느낄 수 있도록 도와주도록 하겠습니다.
- 수업 참여도가 낮고 스스로 학습하려는 의지가 부족한 모습이 보였습니다. 집에서도 학습에 대한 흥미를 북돋아주도록 하겠습니다.
- 협력하는 태도는 보였지만, 의견이 다를 때 조율하면서 어려움을 겪는 모습이 있었습니다.
- 협력보다는 혼자 하려고 하거나, 친구와의 상호작용이 부족한 모습이 보였습니다. 가정에서 협력하는 경험을 늘려줘야겠다고 생각했습니다.
- 집에서도 이야기를 잘 듣고 이야기를 잘 하는 편인데, 학교에서도 선생님

의 말씀을 집중해서 듣는 모습을 보니 안심이 되었습니다.

- 집에서는 관심 있는 이야기에는 집중하지만 그렇지 않으면 주의가 산만해지는데, 학교에서도 비슷한 모습을 보여 경청하는 습관을 길러줘야겠다고 생각했습니다.
- 집에서는 한 가지에 오래 집중하지 못하는데, 선생님의 수업에 잘 집중하는 모습을 보니 마음이 놓입니다.

선생님께 감사 인사

참관수업 후 선생님의 수업과 노고에 대해 간단히 감사의 뜻을 전하는 항목이다. 수업에 대한 평가보다는 고마운 마음을 짧게 표현하면 충분하다.

★ 예시 문구

- 선생님, 아이들에게 긍정적인 에너지를 주셔서 감사합니다.
- 수업 방식이 흥미로웠고, 아이들이 즐겁게 참여하는 모습이 인상적이었습니다.
- 선생님께서 아이들의 참여를 이끌어내는 방식이 정말 인상적이었습니다.
- 아이들이 수업에 집중하는 모습이 보기 좋았고, 선생님의 열정이 느껴졌습니다.

- 아이들의 의견을 존중해 주시는 모습이 감동적이었습니다.
- 수업이 재미있고 창의적으로 진행되어서 아이들이 즐거워하는 게 느껴졌어요.
- 선생님 덕분에 아이가 학교생활에 잘 적응하고 있습니다. 항상 감사드립니다.
- 아이들이 서로 협력하며 문제를 해결하는 모습이 인상적이었습니다.
- 학생 한 명, 한 명에게 관심을 기울여주시는 모습이 좋았습니다.
- 선생님께서 긍정적인 피드백을 주셔서 아이들이 자신감 있게 발표하는 모습이 보기 좋았어요.
- 교실 분위기가 따뜻하고 아이들이 편안하게 학습할 수 있는 환경을 만들어주셔서 감사합니다.
- 아이들이 쉽게 이해할 수 있도록 설명해 주셔서 좋았습니다.
- 선생님께서 아이들의 수준에 맞는 적절한 예시를 들어주셔서 이해가 쉬웠습니다.
- 아이들이 적극적으로 참여하며 자신감을 얻는 모습이 인상적이었습니다.
- 선생님께서 아이들의 다양한 의견을 잘 반영해 주셔서 수업이 더욱 풍성하게 느껴졌습니다.
- 아이들이 서로 다른 의견을 존중하며 대화하는 모습을 보니 수업 분위기가 따뜻하고 좋은 느낌이었습니다.
- 수업 내용이 체계적이고, 아이들이 일상과 연관 지을 수 있는 예시를 들어주셔서 유익했습니다.
- 선생님의 세심한 배려 덕분에 아이들이 자유롭게 질문할 수 있는 환경이

조성되어 좋았습니다.

- 수업 후 아이들이 배운 내용을 자발적으로 복습하는 모습이 정말 기특하고, 선생님의 지도 덕분이라고 생각합니다.
- 선생님, 정말 감사합니다. 아이가 수업에 즐겁게 참여하고 있어요.
- 수업을 잘 이끌어주셔서 고맙습니다. 아이가 많이 배운 것 같아요.
- 선생님 덕분에 아이가 학교생활을 좋아하게 되었습니다. 감사드려요.
- 선생님의 열정적인 수업 덕분에 아이가 많은 것을 배우고 있습니다. 감사합니다.
- 선생님, 항상 아이들에게 따뜻한 관심을 가져주셔서 고맙습니다.
- 아이에게 긍정적인 에너지를 주셔서 정말 감사드려요.
- 아이들이 수업에 즐겁게 참여하는 모습은 모두 선생님 덕분입니다. 감사합니다.
- 아이가 수업을 재미있어하며 즐겁게 배우고 있습니다. 감사합니다.

형식보다 소통이 먼저

프랑스 학교에 처음 간 아이는 거의 매일 대성통곡을 하며 집으로 왔다. 아니 내가 불려가 아이를 데려왔다. "아이가 너무 많이 울고 있으니, 오전 수업을 마치는 대로 귀가시킬 것을 요청합니다." 같은 메일이 매일 오더니, 급기야는 "2주 동안은 오전 수업만 하는 것이 좋겠습니다." 하고 메일이 왔다. 선생님의 배려이자 간곡한 부탁이었을 것이다. 아이는 진정하지 못했고 오직 눈물로 마음을 설명해야 했다. 이대로 한국으로 돌아가야 하나 싶은 막막함과 미안함이 몰려올 때쯤 아이는 울음을 그치고 오후 수업까지 받게 되었다.

프랑스어를 한마디도 몰라 친구들과 "잉", "엥"으로만 대화하던 아이가(실제로 그 시기는 정서가 불안해 언어 퇴행이 진행되는 건 아닐지 걱정하기도 했다) 어느 날 집에 오더니 프랑스어를 하나 배웠다며 자랑했다.

"엄마, '레장팡'이 뭔지 알아?"

"그게 무슨 말인데?"

"이리 와! 이런 말이야. 쉬는 시간 끝났는데도 우리가 계속 놀고 있지. 그러면 선생님이 이렇게 오라고 손짓하면서 '레장팡!' 그러셔. 그게 오라는 뜻이야."

아이가 자신 있게 배운 그 단어는 바로 'les enfants'으로, '어린이들'이라는 뜻이다. "얘들아!" 하고 부른 말을 아이는 "들어와, 이리 와." 하고 이해한 것이다. 완전히 틀린 해석은 아니었다. 아이는 문맥 속에서 말의 의미를 유추하고, 그것을 자기 말로 바꾸어냈다.

우리 부부가 프랑스어를 몰랐기 때문에 아이는 오직 학교 선생님께 프랑스어를 배우고는 끝내는 말할 수 있게 되었다. 내가 어학원에서 열심히 배우고 외운 과거형 문장을, 그렇게 배워도 틀리는 그 문장을 아이는 자연스럽게 말했다. 친구들과 대화했고, 수업을 따라갔다. 아이들의 언어는 그렇게 자랐다. 나중에는 '레장팡'이 'les enfants'이라는 것을 알게 되었고, 그 뜻도 알게 되었다.

해외로 이주한 아이들이 단 한 번의 해석, 문법 설명 없이도 1~2년 이내에 해당 언어를 유창하게 사용하는 모습을 종종 본다. 우리가 원하는 영어는 그러한 상태임에도 부모는 아이의 언어 '습득' 능력을 무시한 채, '학습적인 방법'으로 언어를 가르치려고 하니 역효과가 난다. 아이들은 특별한 이해와 설명이 없어도 '상황'을 통해 언어를 습득할 수 있다. 말을 배우기 시작하는 아이들은 문자를 몰라도, 문법적인 설명이 없어도 말을 이해하고 행동한다. "엄마, 아빠"에서 시작해 "주세요." 같은 말을 하는 과정만 봐도 알 수 있다. 아이들은 모국어를 배운 방식으로 외국어도 배운다. 프랑스어를 단 한 번도 제대로 가르쳐주지 않았음에도 듣고 말하기가 가능한 아이를 보며, 언어 교육은 글자를 몰라도 반드시 말하기부터 시작되어야 한다는 것을 확인했다.

그러면 어른들도 말하기부터 학습하는 게 가능할까? 나는 프랑스의 한 대학교 어학원을 다녔다. 문법과 작문 시험에서 매번 고득점을 받는, 선생님께 총애받는 나이 많은 학생이었다. 문제는 수업 중에 모르는 것이 나와도 “이게 무슨 뜻이에요?”조차 묻지를 못했다는 것이다. 선생님은 그저 내가 매우 조용한 학생이라고만 생각하셨는데, 말하기 시험에서 모두 들통나고야 말았다. 처음부터 끝까지 외워서 말한 자기소개 외에는 그 어떤 질문에도 정확한 대답을 해내지 못했기 때문이다.

반대로 외국 친구들은 문법과 독해, 작문에서 늘 고배를 마셨다. 그들은 수업 시간과 쉬는 시간에 끊임없이 프랑스어로 말하고, 질문하고, 대답했다. 나는 늘 누가 웃으면 따라 웃다가, 누가 질문하면 손짓과 발짓, 말도 안 되는 의성어를 내뱉으며 대답했다.

독해와 문법, 작문 위주로 공부한 나는 늘 실력이 제자리였지만, 대화하고 말하고 질문하고 소통하던 친구들은 실력이 나날이 늘어갔다. 작문은 말하는 것을 그대로 써내면 되었고, 문법은 공부로 보충하며 정확도를 높여갔다. 단어를 하나하나 외워서 해석하는 것이 아니라 문장을 그대로 받아들이니 수준 높은 책 읽기도 가능했다. 아이는 물론 어른도 언어를 잘하고 싶다면 모든 것을 제쳐놓고 무조건 말하기부터 시작해야 한다는 걸 깨달았다.

우리나라의 고교학점제 또한 영어 소통 능력을 강조한다. 문법적으로 얼마나 정확하게 써내느냐보다는 자기 생각을 얼마나 잘 표현할 수 있는지가 중요한 수행평가의 요소다. 맞춤법이 조금 틀리면 어떠한가. 영어는 소통의 도구다. 아이들의 영어교육도 이제는 바뀌어야 한다.

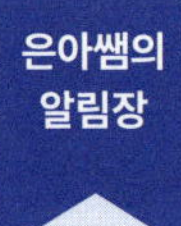

영어 말하기를 위한 학습

1. 아이를 위한 영어 프로그램이나 학원을 선택할 때는 '말하기' 중심인지를 먼저 확인한다. 유치원과 초등 저학년은 학습보다 말하기에 초점을 둔 프로그램이 적합하다. 단어 암기나 문제 풀이는 중학교 입학을 앞둔 초등 고학년이 되어 병행해도 늦지 않다.

2. 기초 단계에서는 전화영어보다 화상영어가 적합하다. 시각 자료와 교사의 표정, 몸짓을 통해 의미를 짐작할 수 있기 때문이다. 알파벳을 전혀 몰라도 도전할 수 있다. 무료 체험 수업을 활용해 부담 없는 프로그램을 선택하고, 1년 이상 꾸준히 해보기를 권한다.

3. 말하기에 자신이 붙었다면 원어민이 있는 영어학원을 추천한다. 원어민과의 소통 경험은 영어를 계속하게 만드는 동기가 된다. 학원 수업과 함께 집에서도 말하기 연습을 꾸준히 이어가는 것이 중요하다.

영어에서 영어보다 중요한 두 가지

영어 영재학급 교사로 아이들을 가르치며 흥미로운 사실을 발견했다. 바로 모국어 실력이 다른 언어의 실력을 높여준다는 사실이다. 그런데 조금만 생각해 보면 전혀 새로운 것도 아니다. 영어가 모국어가 아닌 경우, 일차적으로는 우리말로 자기 생각을 정리해야 하고, 그 생각을 영어로 표현해야 하는데 모국어로도 정리되지 않는 생각은 영어로도 표현할 수 없다. 한국어로 수준 높은 글짓기가 가능하고, 읽기가 가능해야 영어로도 그런 표현을 해낼 수 있다.

언어는 소통의 도구다. 내가 생각하고 있는 바를 영어로 전달할지, 한국어로 전달할지만 달라질 뿐이다. 영어교육을 한다며 아직 모국어가 완전하지 않은 아이에게 하루 종일 영어 노출을 해주는 것은 노력 대비 효과가 적은 방법이다.

자기 생각을 한국어로 제대로 표현하지 못하는 아이는 아무리 영어 단어를 많이 외워도 자기 생각을 표현하지 못할 것이다. 논리정연한 모국어가 먼저다. 아이가 수준 높은 영어를 구사하기 바란다면 국어가 먼저임을 잊지 말자. 영어를 가르치는 목적이 무엇인지 분명하게 정립하고 기준을 세워야 한다.

초등 영어를 둘러싼 오해들

그렇다고 어릴 때 영어교육을 하지 말라는 말이 아니다. 어릴 때는 하루에 한 시간 정도 영어책을 읽어주고, 영상을 보고 들으며 영어를 학습이 아니라 즐겁게 접하도록 해주자. 나머지 시간은 모국어에 집중하면 된다. 부모가 영어 원어민이 아닌 이상, 영어는 계속 학습해야 할 언어다. 그러니 초등까지는 너무 영어에만 매달리지 않기를 바란다. 영어를 가르치기 위해 부모가 영어를 연습해서 말해주거나 아직 누워 있는 아기에게 영어로 말해주려고 하지 않아도 된다.

요즘은 아이가 태어난 순간부터 영어로 말해 이중언어 환경을 만들어주려고 애를 쓴다. 영어로 태교하는 사람도 늘고 있다고 한다. 부모 중 한 명이 영어권 원어민이라 충분히 이중언어 환경에 놓여 있어도, 한 가지 언어만 구사하는 아이들도 많다. 반대로 미국으로 이민 간 한인 가정의 자녀들은 한국어에 서툴다. 언어는 스스로 노력해야 얻을 수 있지, 무조건 어릴 때 노출해 준다고 해서 잘하는 것이 아니다. 영어가 외국어인 우리에게는 오히려 노력 대비 효과가 적다. 아이에게 한국어로 말 한마디 더 걸어주고, 우리가 잘하는 한국어로 모국어 실력을 높여주는 것이 아이 영어 실력에 더 도움이 된다.

다음으로 영어를 초등 시기에 완성하겠다는 목표를 버려야 한다. 중학교 때 처음 영어를 배운 남편은 학교에서 배우는 영어와 수능 영어, 그리고 대학교 어학원에서 토익 준비를 하며 영어를 익혔다. 이후 몇 년간 꾸준한 전화영어와 토플 공부로 영어 실력을 쌓았다. 지금은 국제기구에서 일한다. 조기교육도 없었고, 당시에는 흔했던 어학연수도 없이 순수하게 한국에서만 영어 공부를 했다. 영어 발음은 누가 들어도 어색하지만, 이는 외국인도 마찬가지다. 인도 사람은 인도 발음으로, 러시아 사람은 러시아 발음으로, 프랑스 사람은 프랑스 발음으로 영어를 한다. 각자의 발음으로 소통하고, 회의하고, 어울리며 일한다. 아직도 배울 것이 많다며 매일 아침 유튜브로 공부하고 있다. 꾸준함이 답이다. 언어 감각이 없는 남편도 커서 영어를 시작했지만, 영어로 소통하며 일하는 데 큰 문제가 없다. 이런 사례를 많이 봐왔음에도 "언어는 이른 나이에 시작해야 한다"라는 말을 들으면 그 말이 맞는 것 같다. 과연 그럴까?

언어는 무조건 조기교육이 답이라고 하는 것은 민감기와 임계기를 혼동해 부모의 불안감을 높이는 잘못된 시각이다. 심리학에서 감수성기라고 말하는 민감기는 학습에 적당한 시기라는 뜻이다. 임계기는 그때의 적절한 자극으로 발달하지 않으면 나중에 다시 발달할 기회가 없는 절대적인 한계기를 말한다. 무용이나 음악적인 재능, 피겨스케이팅이나 리듬체조와 같은 특수 분야는 5~6세가 개화의 시기라 이때를 놓치면 어렵다.(『아이의 자기조절력』 이시형, 지식채널, 2013.) 언어 학습에서 분명 어린 나이는 민감기가 맞지만, 임계기는 아니다. 민감기를 마치 임계기처럼 확대하면 조기교육이 과열되는 문제가 생긴다. 심지어 언어학자들도 사춘기 이전까지가 언어 학습의 민감기라고 정의하고 있음에도, 한 살이라도 더 어릴 때 시작해야 한다고 하니 부모는 점점 불안해질 수밖에 없다.

영어는 초등 시기에 결정 나지 않는다. 성인이 되어서 언어 공부를 시작하는 사람도 많다. 한국 드라마가 좋아서 한국어를 배운 외국인들이 수준급으로 한국어를 구사하는 것만 봐도 알 수 있지 않은가. 배우 윤여정이 오스카 여우조연상을 받고 수상 소감을 말했을 때, 많은 사람이 그녀의 영어 실력에 감탄했다. 그녀가 쉬운 단어로 자기 생각을 또박또박 말하는 것을 보고 언어를 소통의 도구로 사용한 가장 좋은 예라고 생각했다. 발음이나 문법이 중요한 것이 아니라 내 생각을 말할 수 있는 것. 바로 우리가 지향해야 할 영어가 아닐까. 배우 윤여정은 젊은 시절에 미국에서 아이를 키우며 영어를 배웠다고 한다.

조기교육에 너무 열을 올리며 아이를 영어로부터 멀어지게 하지 않았으면 한다. 아이 교육에 돈을 너무 많이 들이면, 기대하고 강요하게 된다. 언어는 단시간에 '뗄' 수 있는 것이 아니라는 점을 명심하고, 적당한 시기에 시작해 가늘고, 길게, 꾸준히, 오래오래 함께할 방법을 찾았으면 좋겠다.

영어 노출, 무조건 많으면 좋을까?

내가 영어를 배우기 시작한 지 1년쯤 되었을 무렵, 아빠가 퇴근길에 외국인을 집으로 데려왔다. 멀끔한 양복을 갖춰 입은 두 사람은 미국에서 온 특정 종교의 선교사였으니! 그들이 길에서 말을 걸어오길래 아빠는 우리 집에 가서 영어로 대화를 좀 해줄 수 없겠냐며 데려온 것이다. 아빠의 무모함과 차를 내어오는 엄마의 미안함과 기대감이 공존하던 그때의 공기를 잊을 수가 없다. 한국 사람 다 아는 “What’s your name?”부터 “How are you?” “I’m fine, thank you. And you?”를 지나 어디에서 왔냐, 나이가 몇 살이냐, 직업은 무엇이냐, 나는 여덟 살이다, 나는 학생이다, 나는 한국 사람이다 등 몇 마디를 나누었고 나는 태어나서 처음으로 외국인과 외국어로 ‘소통’이라는 것을 해보았다.

그 짜릿함! 좀 더 멋지게 표현한다면 성취감이었을 것이다. 그 소통의 경험은 나를 영어 공부에 빠지게 했다. 지금처럼 유튜브나 넷플릭스가 있는 시절도 아니었고, 영어학원은 그저 재미로 다니는 정도였기 때문에 내가 할 수 있는 건 그 빨간색 책의 테이프를 늘어질 때까지 듣고, 외우고, 따라 하는 것이 전부였다. 그 빨간색 『Let's Go(Oxford University Press)』 1권을 1년 동안 배웠다. 1년에 한 권씩 6년 동안 여섯 권을 공부했다. 그게 다였고. 선생님이 원하시는 건 그 테이프를 줄줄 읊을 때까지 따라 외우는 것이었다. 내 영어는 그것이 전부였으니, 핵심 비결은 자료가 많지 않았다는 것이다.

영어를 가르치려면 교재가 있어야 한다. 내가 원어민이나 영어 교사가 아닌 이상, 영어를 들려주고 보여줄 자료가 필요하다. 영어 영상이나 자료는 인터넷에 검색하면 수도 없이 나오는데, 문제는 너무 많은 영상을 추천하고, 그 영상의 수준이 너무 높다는 것이다. 정말 그 영상을 아이들이 보고 이해하겠는가? 우리 아이들은 국제학교를 다니고 있음에도 추천하는 영상의 내용을 절반도 이해하지 못했다.

아이 수준에 맞는 쉽고 재미있는 영상을 시간 들여 찾는 과정이 필요하다. 좋아하는 분야의 영상을 찾으면 더 좋다. 진정한 인풋이란 단순히 '들리는 소리'가 아니다. 주의를 기울이고 이해하려는 노력이 있어야 한다. 감정적으로 연결되어 있어야 진짜 인풋으로 작용한다. 정서나 맥락으로 이해할 수 있는 상황이 필요하다.

아이가 외국 친구를 사귀면 특별히 영어 단어를 외우거나 학습하지 않아도 금방 언어가 는다. 언어 학습을 가장 빠르게 이루어내는 방법이 연애라는 말도 있지 않은가. 한국처럼 모국어가 영어가 아닌 환경, 외국 친구를 사귀는 것이 어려운 환경에서는 아이가 좋아하는 것을 스스로 찾아 영어 학습을 이어갈 수 있도록 도와야 한다. 부모가 선택한 일방적인 언어 인풋이 아니라 아이가 좋아하는, 덕질을 할 만한 수준의 무언가를 찾아야 한다. 봉준호 감독의 통역을 맡아 화제가 된 통역사 샤론 최도 좋아하는 것을 찾아 영어 공부를 지속할 힘을 만드는 것이 중요하다고 했다.

아이가 좋아하는 캐릭터나 좋아하는 주제, 예를 들어 자동차, 곤충 등의 관심사를 찾아보는 것이 좋다. 초등학생은 아이돌도 좋을 것이고, 〈해리 포터〉 같은 영화에 빠지는 것도 좋다. 외국인과 영어로 이야기할 환경이 아니므로 좋아하는 것을 찾아 의미 있는 인풋을 넣어주는 것이 핵심이다. 여기에는 반드시 반복이 중요하다. 반복해서 듣고 입으로 줄줄 나와야 한다. 너무 많은 자료는 오히려 방해된다.

집에서 영어 영상을 보여줄 때는 교육적인 내용을 담은 3~5분 정도 짧은 영상을 찾아본다. 문장이 짧고 아이가 따라 할 수 있을 만한 속도면 더욱 좋지만, 일단은 아이가 반복해서 볼 만큼 재미있는 영상을 찾자. 엄마가 먼저 영상을 확인하자. 너무 비교육적인 영상이 나오면 아무리 재미있어도 제외하고, 반복해서 볼 영상을 몇 가지만 정한다. 그리고 그 몇 가지만 반복 시청한다. 이동 중에는 소리만 듣기도 하고, 따라 해보기도 한다. 귀에 들리는 몇 문장은 문법과 철자가 다 틀려도 상관없으니 적어본다. 소리 나는 대로 한국어로 적어도 좋다. 짧은 영상을 반복해서 보고 듣고 따라 해 말하기 인풋을 쌓는 것이다.

이때도 내용을 이해하고, 뜻을 정확하게 알고 있는지는 중요하지 않다. 한참 유행했던 〈케이팝 데몬 헌터스〉 영어 노래 가사의 뜻을 알아서 따라 부르는 것이 아니다. 반복해서 듣다 보니 입으로 자연스럽게 나오는 것이다. 소리 나는 대로 한국어로 적어서 외우고, 보고 듣고 외워서 문장을 말하다가, 다른 영상에서 비슷한 상황에 그 문장이 나오면 아이들은 상황을 유추해 스스로 뜻을 찾아낸다. 문법적으로 정확한 뜻이 아니라도 비슷한 상황에서 쓰는 문장을 그대로 습득한다. 아이들은 언어를 상황과 맥락에 맞춰 사용하며 배우는 능력이 있다. 한글을 깨치는 과정만 봐도 알 수 있다.

"look/보다, look/보다, look/보다, look/보다, look/보다"라고 100번 써봐야 소용없다. "It looks good on you(너 그 옷 잘 어울린다)!"라고 문장을 말하는 편이 훨씬 도움된다. 쓸 줄 몰라도 말할 줄 안다면 언젠가는 쓸 수 있다. 한국말로는 "너에게 그것이 좋아 보인다."라고 표현하지 않을뿐더러, look을 50번, 100번을 쓰고 외운다 한들 "It looks good on you." 같은 표현을 말할 수 없다. 문장을 말할 수 있고, 그 문장을 소리 나는 대로 쓸 수 있고, 쓰고 난 뒤에 look이라는 단어가 어떤 뜻인지를 알아내야 한다. 강조하고 싶은 바는 무조건 많은 영어 노출이 아니라 의미 있는 반복 노출이다.

영어교육 자료는 흔하게 구할 수 있고 관건은 어떻게 활용하느냐에 달려 있다. 영상은 넘쳐나고, 아주 적은 금액으로 좋은 영어 영상을 찾을 수 있다. 집에도 아마 한두 가지 영어 교재나 프로그램, 영상이 있을 것이다. 다른 자료를 찾으려고 하지 말고, 우선 집에 있는 것부터 아낌없이 쓰겠다는 마음으로 시작하자. CD가 늘어지도록 보여줘도 좋다. 이것저것 많은 영상을 다양하게 보여줘야 한다는 마음을 버리고, 좋아하는 영상 하나라도 줄줄 외워 입으로 나오도록 보여주고, 듣고, 따라 하게 하면 된다.

말로 뱉고 글로 써봐야 한다

동시통역사 선생님께 영어를 배우기 시작한 지 2년 정도 지나자, 선생님께서는 매일 영어 일기 두 줄을 써오라는 숙제를 주셨다. 말하는 그대로, 소리 나는 대로 쓰면 된다고 하셨다. 내가 엉뚱하게 써도, 문법이 틀려도, 선생님께서는 일절 지적하는 법이 없으셨다. 언젠가 스스로 오류를 수정해 올 것이라 믿고 계속 쓰게 하셨다.

만약 선생님이 빨간 펜으로 틀린 부분을 고쳐주셨더라면 영어 일기 쓰기에 흥미를 잃고 말았을 것이다. 스스로 성장하고 깨닫는 시간을 기다려주신 덕분에 영어 일기 한두 페이지 써내는 것이 어렵지 않을 만큼 영어 실력이 향상되었다. 이렇게 길게 썼느냐며 칭찬받았던 날이 아직도 기억난다.

집에서 영어 실력을 키워주려면 엉터리 영어라도 많이 말할 수 있는 환경을 만들어주고, 말하는 것을 영어로 써보게 해야 한다. 모국어를 배우고 발전시켜 가는 과정처럼 말이다. 말하기가 어느 정도 되면 아이에게 글자를 가르쳐준다. 그럼, 아이가 편지를 써서 주는데, 맞춤법은 하나도 맞지 않고 글자 쓰는 순서도 엉망이다. "아바 겅강하새요" 소리 나는 대로 서툴게 쓰더라도 그것이 글쓰기의 시작이다. 영어도 마찬가지다. 틀려도 자꾸 써봐야 영어로 표현하는 기술이 는다. 영어 일기 외에도 다양한 쓰기 활동을 놀이와 함께 해보자.

쉽게 할 수 있는 놀이로 카페 놀이가 있다. 아이들에게 한국어를 가르칠 때도 카페에 가면 메뉴판에서 먹고 싶은 메뉴를 스스로 읽고 고르게 했다. 종이에 따라 적게 한 다음 주문서를 직접 드리게 했는데, 글을 모르는 아이에게 글자의 효용을 알려주기 위함이었다. 해외에서도 아이들에게 메뉴판을 읽고 직접 고르게 한다. 아이는 집에서도 식당 놀이나 카페 놀이를 할 때면 메뉴판을 직접 만들곤 한다. 처음에는 아이가 영어 메뉴판을 소리 나는 대로 적었다.

메뉴

- cofi 커피
- americano 아메리카노
- smodi 스무디
- juce 주스
- cafelate 카페라테
- esepreso 에스프레소
- selede 샐러드

커피가 cofi인 줄 알던 아이가 어느 날은 “커피는 coffee 맞지?” 하고 묻는다. 메뉴판을 자주 읽다 보니, 아이 스스로 맞는 스펠링을 알게 되었다. 틀린 것을 알고 나서는 쓰기 전에 어떻게 쓰느냐 물으며 정확도를 높여갔다. 틀려도 계속 말해야 하는 이유이자 틀려도 계속 써야 하는 이유다. 그래야 뭐가 틀렸는지 알고 고칠 수 있다.

혹시 아이에게 조금 더 도움을 주고 싶다면 챗GPT의 도움을 받아보자. “우리 아이는 열 살이야. 같이 영어로 카페 놀이를 할 건데 도움되는 문장 몇 가지만 알려줘.” 하면 알아서 문장 리스트와 상황극까지 알려준다. 문장을 붙여놓고 아이와 같이 따라 말해보자. 처음에는 읽어야 하지만 반복하다 보면 자연스럽게 입으로 나온다. 많이 말하고, 많이 쓰자. 언어는 그래야 는다.

엄마가 영어 못해도 된다

"Daddy, 오늘 I go 유치원. My friend 울리아나 cry. because! 울리아나 mommy 보고 싶어서."

프랑스에 온 처음 몇 달간은 자기 전에 아이들과 이런 식으로 대화를 나누었다. 아이는 학교에서 들은 영어 단어나 문장에 한국어를 마구 섞어서 오늘 학교에서 있었던 일을 말했다. 여기에는 아빠의 역할이 컸다. 남편은 아이들보다 먼저 오늘 회사에서 있었던 일, 축구하며 일어난 일, 회사 식당에서 어떤 메뉴를 먹었는지를 아이가 알아들을 수 있는 쉬운 영어로 말해주었다. 남편은 발음이 좋은 편은 아니었는데, 아이들은 아빠가 말하는 걸 보고 자신감을 얻어 발음을 고쳐주기도 하고 엉뚱한 영어를 섞어가며 신나게 대화했다.

오늘부터 나도 해볼까 싶다가도, 나는 영어를 잘 못하는데 무슨 말을 하지 고민될 수도 있다. 아이의 영어 공부를 위해 부모가 틀린 영어로 말해도 괜찮을지에 대한 의구심도 생긴다. 우리는 원어민도 아니고 영어 선생님도 아니다. 우리가 아이들에게 해야 할 역할은 완벽한 문법과 발음으로 영어를 가르치는 것이 아니다. 앞에서도 계속 강조했듯 부모는 태도를 가르쳐야 한다.

교육에서는 아이가 자신의 실수를 자연스러운 학습의 일부로 받아들이게 하는 것이 중요하다. 쉽게 말해 계속 실수해야만 배울 수 있다는 것을 알아야 한다는 뜻이다. 특히 언어 학습에서는 매우 중요하다. 언어는 말하면서 틀려가면서 배워야 하는데 틀린 말을 하는 것 자체가 학습 자극이 된다. 계속 말해야만 오류를 수정하며 말하기 수준을 높여갈 수 있다.

부모가 먼저 실수하면 아이들은 틀려도 되는구나 하고 생각하는데 이는 학습에서 심리적인 안정감을 준다. 부모가 틀리더라도 계속 시도하는 모습을 보여주면 아이들은 틀린 언어를 학습하는 것이 아니라 '틀려도 괜찮다'라는 메시지를 배운다. 영어가 모국어가 아닌 부모가 해줄 수 있는 것은 틀려도 된다는 심리적 안정감을 심어주는 것뿐이다. 나머지 학습은 아이가 직접 부딪히며 해나가야 한다. 올바른 영어 표현은 여러 가지 언어 인풋, 다시 말해 영어학원, 영상, 듣기 자료 등으로부터 배워야 한다. 언어 학습뿐만 아니라 다른 모든 학습에서도 틀리면 안 된다는 심리적 압박감이 큰 장애물이 된다. 부모의 여유 있는 실수가 아이의 언어 불안도를 낮춘다.

오늘부터 자기 전에 오늘 있었던 일에 대해서 아이들과 말해보자. 중요한 것은 엄마나 아빠의 발음이 좋지 않아도 된다는 것, 모르는 단어는 한국어로 말해도 된다는 것, 문법적으로 완벽하지 않아도 된다는 것이다. 그리고 아이가 말하도록 엄마와 아빠가 먼저 말해보는 것이다. 그러면 아이도 분명 이야기를 시작할 것이다.

엉터리 영어로 말하는 것이 의미가 있나 싶지만, 아이가 본인이 겪은 일을 다른 사람에게 전하기 위해 부족한 단어를 다른 언어로 보충하며 표현해 보려고 노력한다는 점에서 의미가 있다. 이는 글쓰기에서도 핵심적인 출발이다. 문장을 문법적으로 완벽하게 써내는 것보다 하고 싶은 말을 할 수 있는 방식으로 끝까지 풀어내는 것. 이것이 말하기와 글쓰기의 시작이자 핵심이기 때문이다. 지금 아이가 옆에 있다면 책을 덮고 바로 시작해 보자. 이런 방법이 있구나 하고 열 가지 방법을 알고 있는 것보다 지금 한 가지라도 실천해 보는 것이 더 중요하다.

해외 유명 영어 캠프의 진짜 효과

해외 영어 캠프가 천만 원이라 해도 아이에게 도움된다면 빚을 내서라도 보내주고 싶은 게 부모 마음이다. 영어 유치원도 국제학교도 경제적 여유만 있다면 그 효과가 어떻든 보내주고 싶다. 나는 그랬다. 하지만 얼마 전 영국에 다녀오면서 그 마음이 바뀌었다. 아이가 영어에 친숙해지는 시기라면 돈이 많아도 보내지 않을 것이다.

작년 여름, 영국으로 여행을 갔다. 우리가 일주일간 묵었던 숙소는 영어 캠프로 유명한 사립학교 바로 앞이었다. 다양한 나라의 아이들이 영어 캠프에 참가했고 매일 아침 숙소 밖을 나가면 영어 캠프에 참여한 학생들이 공원에서 활동하는 모습을 볼 수 있었다. 그중에는 한국 아이들도 있었다.

숙소 주인아저씨가 매우 비싼 영어 캠프라고 알려주셨기에, 경제적으로 넉넉한 환경에서 자라는 아이들이 부러웠고, 그들의 부모는 어떤 일을 하는지도 궁금했다. 그런 부러움도 잠시, 멀리서 영국 선생님의 다급한 외침이 들려왔다.

"얘들아! 같은 나라 친구들끼리 모여서 말하면 안 돼. 그리고 영어로 말해. 영어 캠프잖니. 영어로 말해야 해!"

영어 캠프는 아이들이 영어를 배우러 오는 곳이다. 하지만 처음 만나는 외국 친구에게 다가가 영어로 말 걸기는 쉽지 않을 것이다. 나도 어학원에 다닐 때 쉬는 시간마다 한국 사람끼리 모여서 프랑스어 수업의 고단함을 풀었고, 점심은 한국 사람과 밥을 먹으며 한국어로 대화했다. 아이들이라고 다를까. 아이들이 부모님 없이 독립적인 생활을 경험해 보고, 다른 나라에서 문화 체험을 한다는 점에서는 매우 찬성하지만, 굳이 무리해서 보낼 필요는 없겠다고 생각하게 되었다. 영어 캠프, 영어 유치원은 분명 좋은 교육 기관이지만, 많은 돈을 들이기에 사전에 충분한 준비가 필요하다.

영어에 자신감이 있고, 자기 생각을 어느 정도 말로 표현할 수 있고, 영어 캠프에 온 목적을 잘 달성할 수 있을 나이에 참가한다면 정말 가치가 있다. 하지만 그렇지 않다면, 차라리 그 돈을 모아서 가족여행을 가고, 거기에서 아이들이 영어로 말해보는 경험을 해보면 어떨까. 숙소 체크인도, 마트에서 물건을 살 때도, 길을 물어볼 때도 아이에게 기회를 주는 것이다. 간단한 문장을 외워 호텔 프런트에 전화도 해보자. 이보다 더 좋은 영어 캠프가 있을까? 가까운 나라로 여행을 가더라도 영어는 어디에서든 통한다. 부모가 먼저 영어로 말하는 모습을 보여주자. 엉뚱하고 완벽하지 않은 영어라도 상관없다. 완벽하지 않은 영어로도 소통할 수 있구나, 내가 배운 영어를 이렇게 쓰는구나 하는 경험이 영어 학습의 동기가 된다.

한국은 영어 공부를 하기에 정말 좋은 환경을 갖추고 있다. 양질의 영어 교재와 좋은 영어 프로그램, 작은 영어학원에서부터 대형 영어 학원까지, 아이가 잘 해낸다면 온라인 수업도 잘 준비되어 있다. 원서를 사는 것도 편하다. 프랑스는 영국과 가깝지만, 프랑스 서점에서 영어책을 구하는 것은 매우 어려운 일이다. 눈으로 직접 보고 살 수 없어 인터넷으로 주문하는데, 실패할 때가 많다. 좋은 환경을 잘 이용해서 아이들과 즐겁게 영어 공부를 이어가기를 바란다.

단계별 영어책 읽기 로드맵

듣고 말하기와 쓰기에 대해서는 앞에서 안내했으니, 이번에는 읽기와 문법에 대해 말해보고자 한다. 영어책 읽기를 떠올리면 보통 리딩북, 리더스북 같은 책을 떠올리는데 사실 그런 책은 어렵고 재미없게 '생겼다'(하지만 내용을 이해하고 읽으면 재미있는 책이 많다). 누런 종이에 읽지도 못하는 알파벳을 보면 영어책 읽기가 숙제처럼 느껴지고, 저절로 영어책을 멀리하게 된다.

1단계: 영어책에 친숙해지기

처음 영어책 읽기를 시도한다면, 영어를 읽지는 않더라도 재밌게 받아들일 수 있는 책을 추천한다.

- **『Find the dots』** (Andy Mansfield, Candlewick Studio, 2017)
- **『See the stripes』** (Andy Mansfield, Candlewick Studio, 2018)

이 두 권은 토이북이다. 간단한 지시 사항에 따라 숨어 있는 색깔을 찾아내고, 숨어 있는 줄을 찾아내는 책이다. 아주 간단한 문장으로 쓰여 있으므로 영어책을 처음 시작할 때 부담 없이 받아들일 수 있다.

- **『This book will make you an artist』** (Ruth Millington, Nosy Crow Ltd, 2024)

유명한 예술가에 대한 설명과 함께 아이 수준에서 화풍을 따라 그릴 수 있게 만든 그림 그리기 책이다. 긴 설명을 읽지 못하면 안 읽어도 좋다. 대신 준비물, 그림 그리는 순서는 기초적인 영어로 적혀 있어서 충분히 따라 할 수 있다. 영어 문장을 해석하지 못해도 옆에 있는 그림을 보면서 추측할 수 있다.

영어책에 대한 거부감을 줄이고, 영어책에 흥미를 갖게 해주려면 보고 따라 할 수 있는 책이 좋다. 대형 서점에서 원서를 쉽게 구할 수 있으니 영미권의 그림 그리기 책, 종이접기 책, 만들기 책 등을 살펴보고 아이가 마음에 들어 하는 책부터 사보자. 영어책에 즐거운 인상을 심어주는 것이 먼저다.

2단계: 쌍둥이 책으로 허들 낮추기

다음으로는 쌍둥이 책을 활용해 보자. 아이들이 재미있게 읽은 번역 그림책이 있다면 원서로도 읽어보자. 국내에 출간된 해외 번역서는 비교적 원서를 구하기가 쉽다. 한국에 원서가 들어온 것도 많고, 없으면 아마존이나 직구를 통해 구하면 된다. 판권 페이지나 인터넷 서지 정보를 보면 원서 제목과 저자 이름이 있다. 구글 번역기로 사진을 찍어도 된다. 해당 제목을 네이버나 구글에 검색해서 원서도 같이 챙겨보자.

물론 아무리 재밌게 읽은 책이라도 영어로 읽기는 쉽지는 않다. 두 권을 같이 읽으면서 영어책에 대한 부담을 줄여가는 과정 정도로 생각하자. 나는 많은 책을 사주지 않았고, 좋아하는 책 한두 권을 줄줄 외울 때까지 반복해서 읽히는 것을 좋아했다. 한국어책도 『달님 안녕』(하야시 아키코, 한림출판사, 2001) 한 권을 6개월 동안 읽어주었고, 그림만 봐도 문장을 말할 수 있을 정도였다. 언어가 완벽하지 않은 상태에서는 좋아하는 책 한두 권만 꼭꼭 씹어 완전히 소화한다는 생각으로 반복해서 읽어보자.

- **『My big shouting day』** (Rebecca Patterson, Jonathan Cape, 2012)
  『화가 나서 그랬어!』 (레베카 패터슨, 현암주니어, 2016)
- **『When Sophie gets angry-really really angry』** (Molly Bang, The Blue Sky Press, 1999)

『소피가 화가 나면, 정말 정말 화나면』 (몰리 뱅, 책읽는곰, 2013)

- 『When Sophie thinks she can't』 (Molly Bang, The Blue Sky Press, 2018)

  『소피는 할 수 있어, 진짜진짜 할 수 있어』 (몰리 뱅, 책읽는곰, 2018)

- 『When Sophie's feelings are really really hurt』 (Molly Bang, The Blue Sky Press, 2015)

  『소피가 속상하면, 너무너무 속상하면』 (몰리 뱅, 책읽는곰, 2015)

- 『No, David!』 (David Shannon, Orchard Books, 1998)

  『안 돼, 데이비드!』 (데이비드 섀넌, 주니어김영사, 2020)

- 『Goodnight moon』 (Margaret Wise Brown, HarperCollins, 1991)

  『잘 자요, 달님』 (마거릿 와이즈 브라운, 시공주니어, 1999)

- 앤서니 브라운 그림책 시리즈

3단계: 선명하고 재미있는 그림체로 접근하기

챕터북이나 리딩북은 서정적인 그림체가 많지만, 지금 소개하는 책들은 아이의 눈을 사로잡는 선명한 색감과 재미있는 그림으로 가득하다. 작가의 상상력과 재미있는 삽화가 돋보이는 책은 아이들이 영어를 읽지 않아도, 그림만으로도 즐거움을 준다. 좋아하는 책이 있다면, 그 책의 작가가 쓴 다른 책도 꼭 읽혀보기를 바란다.

영어 문장을 꼭 읽어야 한다기보다는 '영어로 적혀 있는 종이'에 익숙해지는 정도로 옆에 두면 좋겠다. 아이가 그림을 보면서 상상의 나래를 펼치고, 어느 정도 읽기 수준이 올라가고, 읽을 수 있는 단어가 생기기 시작하면 글에도 흥미를 가진다. 수준별 리딩북, 챕터북을 읽기 전에 영어책에 대한 거부감을 줄여주는 책들이다.

한국에 수입된 책도 있지만 아마존에서 직구해야 하는 책도 있다. 미쉘 로빈슨의 그림책은 아이들 학교의 영국 선생님께서 읽어주시는 책이다. 너무 재미있어서 아이들이 책 제목을 외워 사달라고 했으니, 직구의 불편함을 감수해도 좋을 것이다.

모 윌렘스 『너플 버니』 시리즈

- **『Knuffle Bunny』** (Mo Willems, Hyperion, 2004)
- **『Knuffle Bunny Too』** (Mo Willems, Hyperion, 2007)
- **『Knuffle Bunny Free』** (Mo Willems, Hyperion, 2010)

닉 샤렛 그림책

- **『Daisy eat your peas』** (Nick Sharratt, Dorling Kindersley Publishing, 2000)
- **『More pants』** (Nick Sharratt, David Fickling Books, 2003)
- **『Ketchup on your cornflakes?』** (Nick Sharratt, Scholastic, 2006)
- **『Socks』** (Nick Sharratt, David Fickling Books, 2012)
- **『Animal pants』** (Nick Sharratt, Puffin, 2019)

미쉘 로빈슨 그림책

- 『Day the Banana went bad』 (Michelle Robinson, Scholastic, 2020)
- 『When cucumber lost his cool』 (Michelle Robinson, Scholastic, 2021)
- 『When ice cream had a meltdown』 (Michelle Robinson, Scholastic, 2022)
- 『When cookie crumbled』 (Michelle Robinson, Scholastic, 2023)

4단계: ORT로 체계적인 읽기 연습

영어책에 거부감이 없어졌다면, 본격 읽기 훈련에 들어간다. 나는 책 읽기는 자연스럽게 될 거라고 생각했는데, 아이들이 국제학교에 다니며 생각이 바뀌었다. 한국어도 영어도, 어떤 언어든 읽는 '훈련'이 되어야 한다. 프랑스 교육과정에서도 영국 교육과정에서도 읽기는 초등 교육과정에서 가장 중요하게 다뤄지는 영역이다. 아이들은 학교에서 매주 한 권씩 책을 받아오고, 국어(프랑스어/영어) 시간에도 한 권의 책을 정해 깊이 있게 읽는 수업을 진행한다. 방학 숙제에 빠지지 않는 것도 책 읽기다.

영어 읽기는 ORTOxford Reading Tree부터 시작하기를 추천한다. ORT는 영국 옥스퍼드대학 출판부에서 만든 어린이 영어 읽기 훈련용 책이다. 스토리가 탄탄하고 판타지 요소가 더해져 아이들이 매우 좋아한다. 우리 아이들은 프랑스 국제학교에서 영국식 초등 교육과정을 따르고 있다. 유치원에서는 ORT 파닉스 책을 읽었고, 초등에서는 ORT를 12단계까지 읽을 수 있도록 지도한다. 아이의 매주 숙제가 ORT 한 권 읽기다. 영국인 담임 선생님께서는 아이의 읽기 수준을 ORT로 파악하시고, 분기별로 리딩 테스트를 진행해 ORT 수준을 조정해 주신다. 큰아이는 12단계까지 마치고, 영어 챕터북을 읽기 시작했는데, 12단계를 마친 후 가장 먼저 읽은 책은 『Wonder』(R.J. Palacio, Corgi Childrens, 2013)였다. 분량이 많지만, ORT를 꾸준히 읽으면 원서도 읽을 수 있는 수준이 된다.

ORT의 장점은 체계적인 읽기 훈련을 할 수 있다는 것이다. 1권에 나온 단어가 그다음 책에 이어서 나온다. 문장구조도 그다음 책에 반복되어 나온다. 뜻을 해석하지 않아도 문장마다 그 뜻을 유추할 수 있는 그림이 있으므로, 영어를 영어로 받아들일 수 있다. 초등 저학년은 ORT 읽기만 꾸준히 해도 된다. 다른 리딩북도 같이 읽으면 더 좋겠지만 시간이 없다면 매일 한두 권씩 ORT 읽기를 추천한다.

5단계: 리딩북과 가벼운 챕터북 시작하기

ORT가 6단계 정도에 접어들면, 다른 책도 한 권씩 읽혀보자. 책의 내용을 모르고 읽으면 재미가 없다. 처음에는 아이와 모르는 단어를 사전에서 찾아가며 읽어보자. 시리즈로 된 책을 읽으면 작가가 자주 쓰는 단어와 문장구조가 반복되기 때문에 푹 빠져 읽기가 수월하다.

아이들이 좋아할 만한 책으로 다음 시리즈를 추천한다.

- 『Fly guys』 시리즈 (Tedd Arnold, Scholastic)
- 『Jacqueline Wilson』 시리즈 (Jacqueline Wilson, Corgi Yearling)
- 『Rainbow magic』 시리즈 (Daisy Meadows, Orchard books)
- 『Henry and mudge』 시리즈 (Cynthia Rylant, Simon&Schuster)
- 『Junie B Johnes』 시리즈 (Barbara Park, Random House Books for Young Readers)

6단계: 영어 신문 읽어보기

정제된 영어 기사는 어휘력을 높이고, 현재 일어나는 일상의 정보를 통해 읽기 능력과 배경지식을 늘려준다. 영역별로 골고루 영어책을 사주고 읽히기는 쉽지 않다. 과학, 사회, 수학, 환경, 경제 등등 신문에서는 다양한 영역의 기사를 다루고, 기사를 읽으면 다양한 분야의 어휘를 접할 수 있다. 검색해 보면 국내에도 다양한 어린이 영어 신문이 있다.

- **프랑스에서는 《My little weekly news》라는 어린이 영어 신문을 보고 있다. pdf 파일로도 내려받을 수 있으니 관심 있다면 다음 주소로 접속해서 살펴보면 된다. * www.playbacpresse.fr**

7단계: 챕터북 읽기

1년에 두세 권을 목표로 천천히 읽어보자. 1년 프로젝트로 추천하는 책은 로알드 달 시리즈다. 추천할 책이 많지만, 세 권만 추천한다. 꼭 실천해 보았으면 하는 마음에서다. 아이가 영어책 읽기 수준이 높아지지 않는다면, 3~4개월을 목표로 천천히 완독해 보자. 우리 아이들이 다니는 국제학교에서도 로알드 달의 책을 한 권당 3개월에 걸쳐 천천히 완독했는데, 읽고 나서 책 읽기에 자신감이 생겼다.

로알드 달 추천 도서

- 『The magic finger』 (Roald Dahl, Puffin Books, 1966)
- 『Charlie and the chocolate factory』 (Roald Dahl, Puffin Books, 1964)
- 『Matilda』 (Roald Dahl, Puffin Books, 1988)

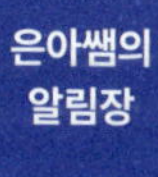

챕터북 읽는 방법

1. 먼저 영화를 본다. 줄거리를 어느 정도 파악하면 책 읽기가 훨씬 수월해진다. 이 문장은 이 장면을 설명하는구나 하고 파악하고 읽기 때문에, 모르는 단어가 나와도 유추할 수 있다.

2. 처음에는 영화를 더빙으로, 그다음에는 자막으로, 그다음에는 자막 없이 본다. 내용과 영어에 익숙해지기 위해서다.

3. 책을 고를 때는 어린이용으로 나온 책을 고르면 좋다. 내용과 삽화는 같지만, 아이들이 읽기 편하도록 글씨 크기도 크고, 줄 간격도 넓은 어린이용 책이 따로 있다.

4. 머릿속으로 영화의 내용을 상상하며 책을 읽는다. 모르는 단어가 나올 때는 유추할 수 있으면 그냥 넘어가고 전혀 해석이 안 되면 사전을 찾아본다. 문장을 번역해 가며 읽어도 좋다. 읽는 기간을 충분히 갖자. 처음 읽는다면 하루에 한 장도 좋다. 1년에 걸쳐 읽어도 좋다. 목표는 마지막 장을 덮는 것이다.

5. 중간중간 영화를 다시 보면서 장면을 상상하며 읽어봐도 좋다. 번역된 책을 읽어도 좋다. 내용이 이해가 안 되면 책이 재미있을 수가 없다. 어떠한 방법도 좋다. 마지막 장을 덮을 때까지 흥미를 잃지 않도록 도와주자.

6. 다 읽고 나면 로알드 달 홈페이지(www.roalddahl.com)에 들어가 다양한 자료도 찾아보고 퀴즈도 풀어본다. 마지막으로 자막 없이 영화를 한 번 더 보는 것도 좋다.

시작 노트

문법과 시험 대비하기

"나는 밥를 먹는다."

이상하지 않은가? '밥을'이라고 해야 자연스럽다. 우리말에서는 받침이 없는 말 뒤에는 '를'을 쓰고, 받침이 있는 말 뒤에는 '을'을 쓴다(사과를, 노래를, 아이를/밥을, 집을, 꽃을). 우리말 문법은 평소 말하는 경험으로 감각적으로 익히고, 그 위에 지식을 더하면 더 명확하게 이해할 수 있다.

영어도 같다. 어렸을 때 많이 듣고 많이 말하고 많이 써보면 중고등학교 때 문법을 배우기 훨씬 쉬워진다. 문법을 공부하면서 영어 말하기와 쓰기에 정확도가 높아진다. 우리는 영어가 모국어가 아니기에 정확한 언어를 구사하기 위해서는 영어 문법을 공부할 필요가 있다. 그렇지만 초등학교 때 문법 공부에 갇히면 영어를 제대로 배울 수 없다. 이 시기에는 틀려가면서, 실수해 가면서, 엉뚱한 문장이라도 괜찮다고 생각하고 내뱉고 쓰는 경험이 더 중요하다.

"왜 문법을 공부해야 하나?"라고 하지만, 원어민이 아닌 이상 '감'으로 언어를 표현하기에는 한계가 있다. 나도 프랑스어를 공부할 때는 문법적인 지식이 온전한 문장을 표현하고 지문을 해석하는 데 도움이 되었다.

초등 저학년까지는 영어를 의사소통의 도구로 즐겁게 경험하게 해주고, 초등 6학년부터는 단어장을 만들어서 단어도 외우고, 간단한 문법부터 시작하는 것을 추천한다. 독해 문제집과 듣기 문제집에도 서서히 익숙해질 필요가 있다. 중고등학교 시험을 준비하기 위해서다. 학교 시험은 엉뚱한 데서 나오지 않는다. 시험 전에 선생님들이 꼭 정리를 해주시는데, 이렇게 떠 먹여줘도 아이들은 못 챙겨 먹는다. 결국 문법은 교과서 기반의 문법을 중심으로, 내신 관리를 위해 공부해야 한다.

어릴 때 해야 하는 영어 공부와 초등 고학년이 해야 하는 영어 공부, 또 중고등학생이 해야 하는 공부와 성인이 해야 하는 공부는 구분되어야 한다. **초등 고학년에 시험 대비를 위한 영어 공부를 시작한다면, 가볍게 토셀TOSEL, 제트JET, 토플 프라이머리 문제집을 사서 단계별로 영역별로 풀어보기를 추천한다.** 중학교에 입학하기 전에 시험 체제에 적응하기 좋다. 초등 수준에 맞게 문제집 구성도 알록달록한 편이고, 아주 쉬운 레벨부터 단계별로 잘 구성되어 있어 집에서도 충분히 공부할 수 있다. 시간을 정해 듣기 평가도 해보고, 모르는 단어가 나오면 단어 정리도 해보고, 간단한 문법 공부도 하면서 중학교 시험을 연습한다고 생각하면 된다.

영어를 재미있게 공부하는 것과 시험을 보는 건 다른 문제다. 다 틀려도 된다는 마음으로 시작하고, 공부해서 잘하는 것을 목표로 한다. 문법도 가볍게 시켜보고 싶다면 『Grammar in use』(Cambridge University Press)를 추천한다. 초등 6학년 여름방학이나 겨울방학 때 매일 한 장씩 해보면 도움된다. 너무 이른 나이에 시작하면 영어에 질릴 수 있다. 많이 말하고, 많이 듣고, 많이 쓰고, 많이 읽은 이후에 문법과 독해, 듣기 평가를 준비해 보자.

은아쌤의 알림장

교과서, 영어 성취의 기준

중학교에 입학하면 많은 아이들이 영어 내신 시험에서 크게 좌절한다. 문법을 포함한 평가 문항의 난이도와 유형이 초등 때와는 확연히 달라지기 때문이다. 아이들뿐 아니라 부모들 역시 지금까지의 영어교육이 과연 충분했는지 회의감이 들곤 한다. 영어는 언어이고, 어디서부터 어디까지 배워야 하는지 명확하지 않기 때문이기도 하다.

영어교육의 궁극적인 목표는 아이가 어른이 되었을 때, 영어를 자유롭게 구사함으로써 다양한 세상을 접하고 진로 선택의 폭을 넓히는 데 있다. 하지만 현실적으로는 학교 내신을 준비해야 하고, 이 과정에서의 영어 학습 역시 아이의 실력을 쌓는 중요한 훈련이 된다.

학교 시험은 출제 범위가 명확하고, 평가 항목도 나라에서 정한 '성취 기준'을 반드시 따른다. 이 성취 기준은 초등학교부터 고등학교까지 연계되어 있으며, 그 기준이 가장 잘 구현된 것이 바로 교과서다. 출판사는 달라도 모두 나라에서 정한 성취 기준을 따르고 있으니 학교에서 사용하는 교과서를 중심으로 학습하는 것이 가장 효율적이다.

영어 교과서 평가 문제집(자습서)도 빠트리지 말고 꾸준히 풀어보자. 국가 성취 기준을 체계적으로 학습할 수 있으며, 고등학교까지 이어지는 영어 내신 대비에 실질적인 도움이 된다.

5
장

국어, 많이 읽기보다 제대로 읽기

공부 잘하는 아이들은 모두 책 읽기를 좋아할까?

요즘 책 육아 안 하는 엄마가 어디 있어요

얼마 전 남프랑스 엑상프로방스에서 열린 한국어 교사를 위한 콘퍼런스에 참여했다. 국립국어원에서 유럽 내 한국어 교사들을 위해 준비한 콘퍼런스였다. 엑상프로방스대학에는 '한국학과'가 개설되어 있는데, K-pop과 K-영화, K-드라마의 인기에 한국학과의 인기도 같이 높아졌다. 해외에 살고 있으니 한국 문화의 위상이 얼마나 높아졌는지를 직접 실감한다. 어학원에 다닐 때도 20대 친구들 핸드폰 배경화면은 내가 알지도 못하는 K-pop 아이돌의 사진이었다. BTS 멤버 중 한 명이 사투리를 쓴다는 이유로, 어학원의 어린 친구들은 구수하고 어색한 한국 사투리로 내게 말을 걸기도 했다.

콘퍼런스에서는 세종학당(전 세계에 한국어와 한국 문화를 보급하기 위해 설치한 교육 기관)에 들어오려는 대기 인원만 100명이 넘어갈 만큼 한국어 인기가 많다는 것과 함께 문해력에 관한 주제로 강의가 이어졌다. 중식 제공이 무슨 뜻인지 몰라 "우리 아이는 중국 음식을 먹지 않는다."라는 민원부터, 우천 시 강당에서 진행한다고 공지했더니 "우천시가 어디냐?"는 문의까지, 어른들이 젊은이들의 문해력을 걱정하고 있다는 이야기가 나왔다.

그런데 국립국어원에서 조사한 결과, 이는 전혀 문제가 아니었다. 몇몇 한자어를 모른다는 이유로 학생들의 문해력을 걱정할 일이 아니라는 것이다. 실제로 독서량과 문해력은 어른보다 학생이 훨씬 높았으며, 어른의 독서량은 최저를 기록한다는 것이다. 오히려 과한 책 육아가 문제라면 문제였다.

언젠가부터 책 육아가 인기다. 아이의 독서 습관을 위해 거실을 쉬는 공간이 아닌, 서재로 만들고(우리 집도 마찬가지인데, 아이들이 일곱 살 무렵부터 책을 좋아해서 만들어졌다), 지역 도서관에서는 '취학 전 1,000권 읽기', '독서 마라톤' 행사도 열린다. 언젠가 SNS에서 새벽 6시에 일어나 책 읽는 아이 사진을 본 적이 있다. 댓글에도 어떻게 아이를 이렇게 키웠느냐며, 부럽다는 내용이 가득했다. 유니콘 같은 아이를 키우는 마음은 어떨까. 우리 가정의 평화를 위해 내 SNS 알고리즘에는 뜨지 않았으면 했다.

이렇게까지 독서를 강요하고 강조하는 이유는 공부를 잘하는 아이가 되었으면 하는 마음에서다. 이런 마음이라고 생각하는 이유는 내가 그랬기 때문이다. 아이들이 어릴 때는 책을 읽어달라고 하지도 않고, 책을 좋아하지도 않아서 '얘네들은 공부는 아니겠구나.' 하고 생각한 적이 있다. 큰아이가 책을 좋아하기 시작하자 '공부를 잘하려나' 하고 생각하기도 했다.

그럼, 공부 잘하는 아이들은 정말 다들 책을 좋아할까? 우리 반에는 공부도 잘하고 운동도 잘하는 아이가 있었다. 성격도 태도도 너무 멋진 아이여서, 이 아이가 크면 어떤 어른이 될까 무척이나 궁금했던 기억이 난다. 하루는 아이가 수영선수가 되고 싶은데, 공부도 재미있으니 어떻게 해야 할지 모르겠다고 했다. 나는 수영선수로 경력을 쌓고, 체육 관련 교수가 될 수도 있다고 알려주었다. 아이는 눈을 반짝이며 공부도 운동도 열심히 하겠다고 말했다.

그런데 이 친구가 가장 싫어하는 것이 하나 있었으니 바로 책 읽기였다. 아이들이 책을 많이 읽었으면 해서, 아침에 다 함께 독서하는 시간을 만들었는데 이 20분을 가장 힘들어하는 아이 중 한 명이었다. 도서관에 가도 늘 학습만화만 읽다가 돌아오곤 했다. 그럼에도 교과서 지문을 정확히 이해하고 요약할 수 있었다. 교과서에 실린 심화문제의 의도를 정확히 파악하고 대답하는 친구였는데, 책을 많이 읽는 아이보다 문해력이 뛰어나다고 생각했다.

어느 날은 길에서 전집 판매 사원의 호객 행위를 마주했다. 내가 관심을 보이지 않으니 "엄마가 교육에 관심이 없으면 아이만 뒤처져요."라며 유아기에는 전래동화를 떼고, 그다음 세계 명작동화를 떼야 문해력을 키울 수 있다고 했다. 요즘 그런 거 안 시키는 엄마가 어디 있냐며 말이다.

무조건 많이 읽기만 하면 될까?

책을 많이 읽어야 한다고 하고, 아이에게 책을 많이 읽혀야 한다고 하지만 왜일까? 책을 많이 읽으면 자연스럽게 문해력이 자라고 공부를 잘하게 될까? 반은 맞고 반은 틀렸다. 독서가 문해력을 키우는 데 도움이 되는 건 맞지만 다독하지 않는다고 해서 문해력이 떨어지는 건 아니다. 내가 교사로서 많은 아이를 보지 않았더라면 나도 무분별한 책 육아에 흔들렸을 것이다. 책을 읽지 않는 아이들은 공부 머리가 없다고 단정 지었을 것이다.

전래동화를 떼고, 세계 명작을 떼고, 과학 전집을 떼는 것은 지식을 쌓는 과정이지 문해력을 키우는 과정이 아니다. 지식과 문해력을 착각해서 생기는 오해가 무분별한 책 육아와 강요하는 독서 문화를 만든다. 문해력이란 글을 읽고 그 뜻을 이해하는 능력이다. 줄거리를 아는지 모르는지가 문해력을 판단하는 기준이 아니다. 콩쥐가 누구고 팥쥐가 누군지 몰라도 된다. 톰 소여가 누구고 알프스 소녀 하이디가 어떻게 되었는지 아는 것이 문해력을 판단하는 기준이 될 수 없다.

콘퍼런스에서도 프랑스 학생들의 학업 성취도를 걱정하며 셰익스피어가 누군지도 모르는 것을 걱정했지만, 이는 학업 성취도에 관한 문제이지 문해력에 관한 문제가 아니다. 책을 많이 읽는다, 떼었다라고 표현하는 것은 책을 단순히 지식으로만 생각했기 때문이다.

문해력은 책 한 권만 깊이 있게 읽어도 자란다. 독서 권수에만 집중하면 아이들은 책을 건성으로 읽는다. 줄거리나 새로운 정보를 얻는 것에만 집중하거나, 얇은 책, 글자 수가 적은 책, 빨리 읽을 수 있는 책만 골라서 읽는다. 문해력은 천천히 책을 읽고, 생각하고, 책에 관한 이야기를 나누며, 생각을 정리할 때 자란다. 세계 명작 동화 100권을 대충 읽는 것보다 『콩쥐 팥쥐』를 여러 번 읽고, 생각해 보고, 이야기를 나누는 것이 문해력을 자라게 하는 데 더 효과적이다.

독서 권수에 집중하지 말고 한 권을 읽더라도 깊이 있게 읽고, 독서에 재미를 찾도록 도와줘야 한다. 책을 많이 읽는다고 나쁠 것은 없지만, 아이가 좋아해서 읽는 것인지 부모가 '넣는' 것인지 구분하면 좋겠다. 좋아하는 책이라면 여러 번 읽는 것도 좋다. 독서가 습관이 되면 독서 권수는 아이 스스로 늘린다. 책이 재미있으니 더 읽고 싶고, 더 찾아 읽는다. 부모가 할 일은 독서의 재미를 느끼게 돕고, 독서를 즐기는 아이로 자라게 하는 것이다. 책을 많이 읽으라고 강요하면 문해력을 놓치는 것은 물론이고, 아예 책을 멀리할 수도 있다.

아이가 어릴 때부터 독서교육에는 열을 올리면서도, 어른들은 책 한 권 읽지 않는 것이 더 문제다. 우리가 걱정해야 할 것은 독서를 학습으로 인지하는 아이들이 학업이 끝나는 순간 책을 손에서 놓게 된다는 점이다.

어른이 되어서도 책을 놓지 않는 사람으로 키우는 것이 목표였으면 좋겠다. 지혜가 필요할 때 책을 찾아 읽는 사람이 되었으면 한다. 어른이 되고 나니 나를 가르쳐주는 사람도 없거니와 나를 가르치려고 하는 것도 싫다. 학창 시절에는 부모님, 또 선생님께서 "그렇게 하는 건 나쁜 거야." "그렇게 하면 안 돼." 하고 혼내주셨지만, 지금은 어떤가. 아무도 없다. 남편이 가끔 "애들한테 그렇게 하면 안 되는 거 아니야?" 하면 뭘 안다고 지적을 하나 싶고 반감이 든다. 원고를 쓰고 나면 제일 먼저 남편에게 읽어보라고 하는데, 그때도 지적하면 글쓰기에 대해서 아무것도 모르면서 왜 지적을 하는가 싶어 기분이 나쁘다.

독서는 내게 가르침을 주는 가장 좋은 어른과도 같다. 지혜를 얻고 지식을 얻고, 자신을 채찍질하며 더 나은 어른으로 살게 한다. 어릴 때 읽은 『어린 왕자』와 지금 읽는 『어린 왕자』는 의미가 다르다. 『콩쥐팥쥐』도 『흥부와 놀부』도 어른인 내게는 다른 의미로 다가온다.

진정한 책 육아는 아이 스스로 책의 재미를 느끼게 하는 것에 그 목표를 두어야 한다. 책을 좋아하는 아이로 만드는 것은 물론, 남편조차도 책을 읽게 만든 비결을 다음에 다룰 것이니 꼭 적용해 보기 바란다. 실패 없는 추천 도서 목록까지 넣어두었으니 놓치지 말 것!

학습만화, 읽어도 된다

만화책을 대물림하는 나라

교대를 졸업한 나에게는 작고 소박하지만, 이룰 수 없는 꿈이 하나 있었는데 바로 일반 대학교를 다니는 것이다. 남편의 대학 생활을 들으며, 나와는 전혀 다른 대학 생활을 보낸 남편이 부러웠다. 내가 원하는 대학 생활은 청춘의 푸른빛이 여기저기에서 쏟아지는 낭만의 시간이었는데, 교육대학교는 그렇지 못했다. 고분고분 선생님 말씀을 잘 듣는 아이들이, 선생님이 되고 싶어 모인 이 학교에서는 소위 '범생이'가 모여, 학교에서 정해주는 수업 시간표대로 움직였다. 동아리에 가입한 친구도 있지만, 대부분은 동아리에도 가입하지 않았다.

일반 대학교에 가려면 수능을 다시 보는 방법뿐이었는데, 어쩌랴 이미 교대에 와버린 것을. 그 꿈을 포기하는가 싶었는데 프랑스에서 이루게 되었다. 대학교 어학원에 다닐 수 있게 된 것이다. 남편의 회사에는 직원의 배우자를 위한 무료 프랑스어 수업이 있었는데, 작은 교육 기관에서 배우자만 모여 수업을 들을 수도 있고, 편도 한 시간 거리의 대학교 어학원에서 일반 대학생들과 함께 수업을 들을 수도 있었다. 처음 1년은 동네 작은 교육 기관에서, 그다음 1년은 용기를 내 어학원으로 향했다. 일반 대학교 학생의 푸른 꿈을 품고 말이다.

어학원에서는 프랑스어 듣기, 말하기, 쓰기, 문법의 필수과목과 함께 선택과목으로 샹송(노래하기), 시, 도시 산책, 연극, 만화 중 하나를 골라야 했다. 당연히 도시 산책은 인기가 많아 줄도 못 서고 마감되었다. 샹송이라니. 노래를 잘 부르지 못하는 나는 기말고사에서 학생들 앞에서 노래 부르는 내 모습을 상상하다 포기했다. 시 쓰기 수업 역시 평가를 시 쓰기로 할 것 같은 두려움에 자신이 없었고, 연극은 말할 것도 없으니 남은 것은 만화뿐이었다. 책은 좋아하지만, 만화는 즐기지 않는 나는 울며 겨자 먹기로 선택할 수밖에 없었다. 수업 시간에는 만화의 구성요소, 만화 읽는 법을 배우고, 실습으로 만화를 직접 그려보고, 미니 만화책을 만들었다. 한 권의 만화책을 정해 함께 읽고, 분석하기도 했다. 대학교 어학원에서 만화 수업이라니. 이해할 수 없었지만, 서점에 가보면 단박에 이해가 간다.

프랑스의 대형 서점에는 만화 코너가 있다. 아동문학 베스트셀러 코너보다도 더 앞에, 가장 크고 가장 멋지게 자리하고 있는 만화 코너는 프랑스 사람들의 만화에 대한 인식이 어떠한지를 짐작할 수 있게 한다. 하루는 현지인의 집에 초대받아 가게 되었는데, 30년이 넘은 만화책을 보여주시며, 곧 손자가 태어나면 물려줄 참이라고 하셨다. 두꺼운 양장본의 고전문학이 아니라 만화책을 대물림한다는 사실에 신선한 충격을 받았다.

"엄마, 오늘 숙제가 어려워."

"왜? 무슨 숙제인데?"

"학교에서 만화 읽는 법을 배웠거든? 그런데 만화를 읽는 법, 그리는 법 배운 걸로 만화를 그려와야 한대."

아이도 학교에서 만화 읽는 법을 배웠다. 만화를 읽는 방법은 물론, 각 장면을 다양하게 그리는 법, 말풍선의 모양, 의성어와 의태어까지 다양하게 배우고 있었다. 아이의 숙제는 자신이 쓴 줄글을 만화로 표현하는 것이었는데, 아이와 함께 만화 시나리오 작가가 되어서 대본을 쓰고, 만화 작가가 되어 그림도 그렸다.

틀을 깨야
독서가 자란다

학습만화에 관한 논쟁은 끝이 없다. 학습만화를 그만 읽고 '책'을 읽었으면 좋겠는데 어떻게 해야 하느냐는 질문도 많이 받는다. 한국은 학습만화를 부정적으로 생각하는 경향이 강하다. 나도 마찬가지였다. 아침 자유 활동으로 독서 활동을 많이 시켰는데, 이때도 학습만화를 철저하게 금지했다. 만화는 아이들의 상상력을 방해하는 데다가 사유할 거리가 없는 콘텐츠라고 생각했기 때문이다. 하지만 프랑스에 와서 이런 생각이 조금 바뀌었다. '책'이라는 것을 하나의 틀로 고정해 놓고, 반드시 우리가 생각하는 '책'만을 읽어야 한다고 강요했기에 아이들이 읽기로부터 멀어지는 것이 아닐까.

독서를 바라보는 관점을 바꾸어야 아이가 책을 즐기게 된다. 초등 시기는 독서 습관을 만드는 시기다. 학습의 측면에서만 독서를 바라보지 말고, 책 읽는 즐거움부터 알려주면 어떨까. 꼭 책이 아니더라도 좋아하는 분야의 잡지, 어린이 신문, 하물며 박물관 카탈로그나 레고 설명서를 읽는 것조차 독서가 될 수 있다. 같은 맥락으로 학습만화도 책 읽기에 가까워질 수 있는 좋은 재료다.

독서를 공부와 연결 짓기보다는 즐거운 취미의 일종으로 여기면 좋겠다. 프랑스 서점에서 갓 돌이 지난 아기가 텔레비전을 보듯 만화책에 푹 빠져 읽는 모습을 본 적이 있다. 이뿐만 아니라 어디에서나 어른과 아이가 '글자가 적힌 종이'를 읽고 가지고 노는 모습이 인상적이었다. 스도쿠, 퍼즐 잡지, 카드 게임, 보드게임 등 종류도 다양하다. 그래서인지 프랑스 사람은 성인이 되어서도 책을 많이 읽는다. OECD가 2017년에 발표한 국가별 성인 독서량 조사에 따르면, 프랑스는 성인의 월간 독서량이 무려 5.9권이나 되었다. 반면 우리나라는 0.8권으로 세계 최하위권이었다.

전집 중심, 학습 중심의 독서가 책 읽기를 어렵게 만들고 따분하게 만드는 데 한몫을 한다. 책이라는 정형화된 틀을 깨고, 아이가 책과 친해질 수 있는 환경을 만들어주는 것이 중요하다. 재미있는 콘텐츠로 독서의 즐거움을 알게 된다면, 학습만화와 더불어 줄글로 된 책, 나아가 두꺼운 책도 읽는 아이의 모습을 보게 되지 않을까.

학습만화도 책의 한 장르라고 생각하자. 학습만화는 말 그대로 어려운 내용을 만화로 풀어내 '학습'에 도움을 주는 '책'이다. 그렇다면 우리 아이는 책을 좋아하고 많이 읽는 아이이다. 대신 학습만화를 읽고 나면 거기에서 배운 내용을 줄글로 한번 정리해 보자.

역사 학습만화라면 중요한 사건을 추려 요약하거나, 연도별로 정리해 보게 한다. 곤충 관련 학습만화라면 곤충을 직접 그려보고, 내용을 정리해 보게 한다. 한자 학습만화라면 오늘 알게 된 한자와 함께 유래를 정리해 보게 한다. 재밌게 책도 읽고, 지식도 쌓고, 내용도 정리하며 말 그대로 학습만화의 장점을 그대로 살릴 수 있는 독서가 된다.

우리가 어릴 때도 만화책, 인소(인터넷 소설), 팬픽(팬 픽션) 같은 것이 다른 책보다 재밌지 않았나. 엄마에게는 쓸데없는 것을 읽는다고 혼이 났지만, 커서는 책 장르를 가리지 않으며 독서를 좋아하는 사람으로 자란 어른들도 많다. 어렸을 때 만화든 소설이든 무엇이든 즐겁게 읽었던 친구들이 커서도 책을 가까이하는 걸 자주 본다. 학습만화를 읽는 모습도 독서로 바라봐 주면 어떨까. 프랑스에 와서 가장 크게 변한 교육관이 있다면 바로 이것이다.

부모나 교사가 주도적으로 이끌어가는 독서 환경, 전집 중심, 학습 중심, 단계별 읽기 중심의 책 읽기는 아이들이 부모나 교사의 손길을 벗어나는 즉시 책 읽기를 어려워하거나 지겨워하거나 멀리하게 한다. 학교를 떠난 모두가 손에서 책을 놓는 지금, 문해력을 바라보는 시각뿐만 아니라 독서를 바라보는 관점도 달라져야 한다. 독서를 '즐거움' 자체로 보았으면 좋겠다.

어릴 때 책 육아에 너무 힘을 쏟지 않았으면 한다. 프랑스에서는 책 많이 읽는 아이가 특별하지 않다. 독서는 생활의 일부다. 바닷가, 호숫가, 지하철, 길거리에서도 책을 읽는 사람들의 모습을 쉽게 볼 수 있다. 책 읽는 노숙자도 심심치 않게 볼 수 있다. 독서를 특별하게 여기지 않는 문화가 독서를 더욱 장려한다는 생각이 든다. 프랑스에서는 반항기 가득한 사춘기 청소년이 학교 카페테리아에서 두꺼운 책을 읽는 모습도 볼 수 있다. 친구들도 책을 읽는 아이에게 전혀 신경 쓰지 않는다.

한국에서는 학교 교실에서 쉬는 시간에 책을 읽고 있으면 또래 친구들이 곱지 않은 시선으로 바라본다. 잘난 체하거나 튀는 행동으로 간주하기 때문이다. 우리가 책 읽는 행위를 너무 대단한 것으로 생각하기 때문에 오히려 독서와 멀어지는 게 아닐까. 월간 독서량이 세계 최하위원을 차지한 건 결코 우연은 아닐 것이다. 아이가 좋아하는 책 한 권을 여유롭게 읽고, 학습만화와 더불어 책 읽기의 즐거움을 느끼며 다양한 독서를 함께하기를 바란다. 커서도 책을 손에서 놓지 않는 어른으로 자라게 하는 것이 목표이길 바란다.

도서관과 서점을 놀이터처럼

학습만화도 좋다고 말했지만, 솔직하게는 아쉬운 마음이다. 아이가 학습만화보다야 줄글을 읽으면 더 마음이 즐겁지 아니한가. 학습만화는 읽지 말라고 해도 읽을 것이므로, 이번에는 줄글 책을 읽게 하는 방법을 나눠보고자 한다.

책 읽는 아이로 만들기 위한 노력 중 우리가 실수하는 것 하나가 필독 도서 목록을 구해서 읽히는 것이다. 책을 좋아하는 아이야 이 책을 줘도 읽고, 저 책을 줘도 읽겠지만 그렇지 않은 아이들은 필독 도서 때문에 책을 더 멀리하게 될지도 모른다. 책을 고를 때 우리가 검색하고 알아봐야 할 것은 필독 도서 목록이 아니라 '내 아이'다. 내 아이가 무엇을 좋아하는지, 어떤 그림체를 좋아하는지, 어떤 이야기 방식을 선호하는지 주제와 작가를 찾는 여정이 필요하다. 재미있게 읽었던 책이 있다면 그 작가의 다른 책을 함께 찾아보는 것도 좋다.

그래도 어렵다면, 필독 도서 목록보다는 주제별 목록을 찾아보는 것이 더 효과적이다. 곤충을 좋아하는 아이라면 곤충 관련 책, 곤충 관련 직업 이야기, 곤충도감 등을 찾아보고 박물관을 찾아가 직접 곤충을 보고 체험해 보고, 다큐멘터리나 영상을 함께 찾아보며 간접경험과 직접경험을 연결한다.

언제까지고 부모가 책을 찾아줄 수는 없으니, 아이가 책을 고르는 연습도 충분히 해야 한다. 서점이나 도서관에서 책을 고르고 스스로 읽어본다. 직접 골랐어도 재미가 없어서 흐지부지 읽다가 끝낼 수도 있다. 그렇다 해도 혼내서는 안 된다. 자신의 취향을 찾아가는 시행착오의 과정이기 때문이다. 내가 좋아하는 빵이 무엇인지 알려면 빵집에 가서 이 빵도 먹어보고 저 빵도 먹어봐야 한다. 아, 이건 맛이 없구나, 저건 입맛에 맞구나 먹어봐야 하듯 책도 그렇다. 끝까지 읽은 책, 재미없어서 다 못 읽은 책, 어려웠던 책을 찾아보고 이를 바탕으로 다음에 읽을 책을 골라보면 점점 취향이 뚜렷하게 보일 것이다.

전집을 구매하면 장점도 있지만, 아직 책 취향을 찾지 못했다거나 책에 흥미가 없는 경우에는 전집 구매를 추천하지 않는다. 책 취향을 찾기 위해서는 다양한 책 장르를 자유롭게 선택하고 읽어보는 것이 좋다. 서점에서 사거나 도서관에서 대여한 책 모두가 재미있을 수는 없다. 열 권 중 한두 권만 마음에 드는 책을 골라도 성공이다.

좋아하는 책을 고르는 과정은 자율성을 연습하는 경험으로서도 의미가 있다. 내가 어떤 그림을 좋아하는지, 나는 어떤 장르의 책을 좋아하는지 아이가 스스로 알아가는 기회이기도 하다. 책을 고르는 과정은 좀 더 나아가 '나'에 대해서도 알아가는 과정인데, 내가 좋아하는 것을 알아내며 나에 대해 좀 더 알아갈 기회가 된다. 그리고 좋아하는 책을 찾기 위해서는 도서관이나 서점에 자주 가봐야 한다.

프랑스에 와서 가장 자주 간 곳은 도서관과 서점이다. 여행을 가더라도 빼먹지 않는 곳이 도서관과 서점이며, 기차역 간이 키오스크 서점에도 꼭 들른다. 처음에는 내가 찾아갔고 이제는 아이들이 알아서 찾아간다. 특히 도서관은 시내 한복판에 카페처럼 열려 있다. 서점인지 도서관인지 헷갈려 들어간 곳이 도서관이었는데, 들어가는 문턱이 낮아서 자주 이용하게 되었다.

이곳의 아이들은 별도의 어린이 도서관이나 특별한 방이 아닌, 어른 책 코너 한쪽에 마련된 어린이 코너에서 어른과 함께 책을 읽는다. 기어다니는 아기를 위한 공간도 있다. 모두가 신발을 신고 다니는 곳을 기어다니는 아기들의 모습이 처음에는 어색했지만, 지금은 자연스럽다. 어린이 도서 코너와 어른 도서 코너가 함께 있어 가족들이 자유롭게 자리를 차지하고 같은 듯 다른 공간에서 책을 읽는다. 엄마가 수유를 할 때 아기가 책을 가지고 놀기도 하고, 두 아기가 마주 보고 엎드려 촉감 책을 물고 빠는 모습도 인상적이었다. 중고등학생들이 도서관에 모여 만화책을 읽기도 하고, 엄마들이 아이들을 데리고 삼삼오오 모여 도서관을 이용하는 모습도 부러웠다.

하교 후나 주말 등 여가 시간에 특별한 계획이 없다면 습관처럼 도서관 나들이를 가보는 것은 어떨까. 혹은 도서관에 가는 것이 특별한 계획이 되어도 좋다. 국내에 특별한 도서관을 검색해서 여행을 가보는 것도 좋겠다.

나는 이색 도서관을 목적지로 정하고 근처 관광지를 다닐 목적으로 여행 계획을 세우곤 했다. 처음에는 남편도 아이들도 여행 가서 책을 읽는 것을 싫어했지만, 지금은 나보다 먼저 서점이나 도서관을 찾아 들를 만큼 책 여행 애호가가 되었다. 국내에서 방문했던 장소 중 추천할 만한 곳을 소개한다. 서점, 도서관, 북카페는 지금 좋은 곳이 더 많이 생겼을 테니, 꼭 검색해서 방문해 보기를 추천한다.

- **충청남도 금산 지구별 그림책 마을**
- **경기도 의정부시 미술 도서관/음악 도서관**
- **서울시 종로구 청운문학도서관**
- **경기도 남양주시 별빛도서관**
- **부산시 국회부산도서관**
- **충청북도 괴산시 숲속작은책방** (서점 및 북스테이)
- **경상북도 안동시 구름에 오프 북카페**
- **경상북도 경주시 북카페 경주산책** (라한셀렉트 경주 호텔 1층)

책 읽기를 특별하게 만들기보다는 일상의 한 부분으로 자리 잡을 수 있도록 도서관과 친숙하게 만들어주자. 도서관에서 꼭 책을 읽지 않아도 된다. 영화를 봐도 좋고, 매점에서 간식만 사 먹고 와도 충분하다. 나는 아이들의 일상에 책이 자연스럽게 자리 잡기를 바라는 마음으로 장난감을 사러 서점에 가 문구 코너를 다녔다. 낯선 나라에 가서도 외국어로 적힌 읽지 못할 책이라도 꼭 한 권씩 사게 했고, 키오스크에서는 잡지나 스도쿠, 퍼즐을 찾아보고 사게 해주었다. 책에 대한 두려움을 없애고 책과 친숙하게 만들어주기 위함이었다.

책과 가까운 일상을 보내는 아이는 언젠가 책을 읽게 된다. 우리 아이들은 둘 다 일곱 살이 넘어서 책을 좋아하기 시작했다. 그전까지는 두 아이 모두 책을 좋아하지 않았는데, 자연스럽게 책을 가까이하고 좋아하게 된 것은 도서관과 서점을 자주 드나들었기 때문이 아닐까.

도서관을 놀이터처럼 이용해 보자. 학습만화도 좋다. 스도쿠나 퍼즐, 잡지, 아이들을 위한 놀이가 가득한 책자도 좋고, 미로찾기, 숨은 그림찾기도 좋다. 서점, 도서관은 물론이고 마트, 기념품 가게, 휴게소 등 '글자가 적힌 종이'를 파는 곳이라면 어디든 찾아가 보자. 문해력도 독서량도 일단 책과 친해져야 자란다. 독서를 즐기기 위해서는 부모가 도서관 문턱을 낮춰줘야 한다. 아이돌을 좋아한다면 잡지를 읽게 해도 좋다. 캠핑을 좋아한다면 캠핑용품 카탈로그나 잡지를 읽게 하고, 종이접기를 좋아한다면 도서관에서 종이접기를 하다가 와도 좋다. 축구를 좋아한다면 축구 뉴스를 같이 읽고 중계를 듣는 것도 좋다. 부모와 함께 대본을 만들어 중계 놀이를 해보는 것은 어떨까. 다양한 방법으로 글을 좋아하게 해주면, 분명 책을 좋아하는 어른으로 자란다.

읽어주고 질문하기

"은아야, 우리 애가 이제 3학년인데 아직도 줄글로 된 책을 안 읽어. 어떻게 해야 해?"

"그래? 그럼 읽어줘!"

학부모 강의에서 "여러분, 책은 언제까지 읽어주면 좋을까요?"라고 물어보면 보통 일곱 살 정도라고 대답하신다. 가끔 열 살까지 읽어주면 좋을 것 같다는 대답도 나온다. 아마도 희망 사항 같다. 일곱 살이어도 책을 읽어달라고 하면 힘들다. 한글을 빨리 떼었으면 하는 것도 실은 책 읽어주기가 힘들어서인데, 일고여덟 살까지는 읽어줘도 그 이상은 못 읽어줄 것 같다고 하신다. 그런데 책 읽어주기는 고등학생이 되어서도 지속하면 좋다고 말씀드리면 정말 0.3초 만에 "하…." 하는 탄식의 소리가 터져 나온다.

책 읽어주기를 멈추지 말아야 한다. 아이들이 줄글 책을 읽지 않는 것은 분량이 부담스러워서인데, 매일 한 챕터씩 나누어 읽어주자. 몇 권만 읽어주면 분량에 대한 부담이 줄어든다. 이렇게 긴 책도 재밌을 수 있다고 느끼면 스스로 줄글 책을 읽기 시작한다. 그러니 스스로 읽기 전까지는 읽어줄 필요가 있다.

그렇다고 해서 고등학생을 앉혀놓고 두꺼운 책을 읽어주라는 말은 아니다. 초등 3~4학년만 되어도 사회나 과학 교과서, 국어 교과서의 지문이 어려워진다. 부모가 책을 읽어주면, 아이들은 자연스럽게 읽기 전략을 배우고 문해력을 키운다. 어디에서 끊어 읽는지, 어떤 의미 단위로 읽는지를 자연스럽게 익히기 때문이다. 읽기를 몸으로 습득하면 아이 혼자서 교과서를 읽거나 어려운 지문을 읽을 때 더 쉽게 이해할 수 있다. 초등 고학년 이상, 중고등학생에게는 난도가 있지만 짧은 지문을 소리 내 읽어주면 좋다.

초등 저학년 때는 그림책 한두 권 정도를 매일 읽어주는 것이 좋은데, 글밥이 많은 책이라면 짧은 분량을 실감 나게 연기하듯 읽어준다. 이후에 책 읽어주기를 멈추면, 아이가 뒷부분이 궁금해 찾아 읽게 될 것이다.

읽어주기는 부모와 정서적 교감을 나누는 시간이기도 하다. 부모의 목소리로 읽어주는 책의 내용을 들을 때, 아이들은 사랑받는 감정을 느낀다. 덕분에 부모와의 유대감도 높아진다. 책 읽어주기가 중요하니 오디오북을 이용하는 부모들도 많다. 물론 도움이 된다. 하지만 아이들이 원하는 건 단순히 읽어주는 책 내용이 아니라 부모와의 교감이라는 사실을 잊어서는 안 된다.

주말 부부라면, 아빠가 전화로 책을 읽어주는 시간을 가져보는 것은 어떨까. 틈나는 대로 그림책 한 권을 녹음해 아이에게 선물로 주면 아빠와 떨어져 있는 동안에도 아빠의 사랑을 느끼게 될지도 모른다. 늦게 퇴근하는 부모라면, 주말에 잠시 시간을 내어 녹음해 두고 아이가 들을 수 있게 하면 어떨까. 문해력도 자라고 사랑도 느낄 수 있을 것이다.

이렇게 책을 읽어주고, 책 읽기가 친숙해지면 좋아하는 작가가 생기게 마련이다. 아이가 좋아하는 작가나 작품과 관련된 재미있는 활동을 후속 활동으로 이어가자. 가장 효과가 좋은 것은 '덕질'이다. 좋아하는 만화 캐릭터가 있다면 관련된 책을 찾아보는 것도 좋다. 해리포터를 좋아한다면 『해리 포터』 시리즈를 읽고 영화를 찾아보고, 퍼즐을 맞추고, 학용품 등 아이템도 사서 모은다. 꼭 독후감을 쓰는 것만이 독후활동이 아니다. 덕질이야말로 책을 좋아하게 만드는 확실한 방법이다. 언젠가 영국 해리 포터 스튜디오에 가겠다는 꿈을 품고, 영국 여행책을 찾아보며 여행 계획을 세우고, 지도를 찾아보는 것 모두 독서다. 용돈을 모아 해리 포터 마법 지팡이를 사는 것은 경제 교육으로도 안성맞춤이다. 작품의 세계에 더 다가가고 싶도록 호기심을 심어주는 모든 경험은 읽기를 더욱 풍성하게 만든다.

아이에게 책을 읽어주고 나면 같이 대화도 나누어보자. 문해력이 자란다. 보통은 아이의 문해력을 키워주기 위해 독해 문제집을 사주고 풀게 하는데, 어느 정도 도움은 되겠지만, 읽기를 숙제처럼 느껴 독서와 멀어지게 될 수도 있다. 짧은 지문을 읽고 똑같은 질문에 정해진 답을 하는 대신 아이와 책에 관한 대화를 나누기를 권한다. 책이 어떤 내용인지 아이와 말해보고 다양한 질문을 통해 깊이 있는 생각을 이끌어내자. 독후감 쓰기를 좋아하는 아이라면 그 역시 추천할 만한 활동이다. 책의 내용을 시간 순서대로 요약해서 써보기도 하고, 등장인물의 관계도를 그려보는 것도 좋다.

다음은 책을 읽고 아이와 함께 대화를 나눌 수 있는 질문 목록이다. 식사 시간, 이동 시간, 아이와 카페에 있을 때 자연스럽게 이야기를 나눠보자. 따로 시간을 내서 독해 문제집을 푸는 것보다 훨씬 효과가 좋다. 읽은 책이 무조건 좋다거나 책에서 반드시 교훈을 얻어야 한다고 가정하지 말고, 다양한 의견을 열어놓고 질문하고 대답해야 한다.

예전의 독서 감상은 읽은 책에서 배울 점은 무엇인지를 강조하며, 책의 내용이 옳다고 했다. 지금의 독서 감상은 클로저 리딩 기법으로, 책의 내용을 좀 더 비판적으로 바라보고 작가의 입장이 아니라 독자의 개인적인 입장에서 깊이 있게 들여다본다. 교훈 찾기의 수준에서 벗어나 책이 주는 배움, 교훈을 비롯해 불편함, 낯섦, 의문, 반박까지도 찾아보는 것이다. 내 경험과는 어떻게 이어지는지, 혹은 다른지를 묻고 답해야 한다.

은아쌤의 알림장

문해력 향상시키는 독서 질문

- "어제 읽은 책에서는 어떤 점이 제일 기억에 남았어?"
- "이 책은 어떤 친구한테 추천하면 좋을 것 같아?"
- "오늘은 책 속의 주인공 A가 되었다고 생각하고 읽어봐. 내일은 B가 되었다고 생각하며 읽어보자."
- "어떤 부분이 네 생각과 달랐어?"
- "가장 마음에 드는 등장인물은 누구야?" "가장 마음에 들지 않는 등장인물은 누구야?"
- "네가 주인공이라면 이 상황에서 어떻게 했을 것 같아?"
- "이 책에서 가장 현명한 사람은 누구야?"
- "이 책의 주인공이 모두 로봇이라면 어떻게 내용이 변했을까?"
- "네가 작가라면 결말을 어떻게 바꾸고 싶어?"
- "책 속에서 가장 너를 화나게 만든 인물은 누구야? 왜 그랬을까?"
- "이 책을 영화로 만든다면 주인공은 누가 어울릴 것 같아?"
- "책을 읽고 나서 생각이 바뀐 부분이 있어?"
- "이 책을 한 단어로 표현한다면?"

책 읽는 아이로 키우는 독서 전략

지금까지 책과 친해지는 여러 가지 방법을 소개했다. 그런데 방법만 말해주면 답답하지 않은가? 여기, 속이 시원한 리스트까지 공개한다. 첫 발령을 받은 학교에서는 신규 교사였던 내게 도서관 업무를 주었다. 사서교사가 없는 학교에는 도서관 업무를 맡을 교사가 있어야 했는데, 도서관 하나를 맡아서 운영하는 셈이었다. 1년간의 도서관 운영 계획을 세우고, 불용 도서를 처리하고, 책을 사고, 대출증을 만들고, 분실 대출증 재발급 및 대출 반납 업무도 봐야 했다. 어린이 사서단 운영과 독서 행사도 열어야 하며 작가 초청 행사 및 도서 도우미 학부모님을 관리하는 것까지 포함되었다. 이 외에도 모든 도서관 업무를 맡아야 했는데, 방학에도 도서관이 열려 있으니…. 더 이상 말하지 않겠다. 대신 나는 아이를 키우는 데 가장 실용적인 정보를 알게 되었다. 바로 아이들이 좋아하는 책 리스트다.

이렇게 하면 책을 좋아한다, 저렇게 하면 책을 좋아한다고 말했지만, 아이들이 읽고 재밌다고 느끼면 책을 좋아할 수밖에 없다. 리스트를 소개하기 전에 꼭 하고 싶은 말이 있다. 내가 아이들이 책 읽는 모습을 통해 깨달은 게 있다면, 책에는 레벨이 없다는 것이다. 일곱 살을 위한 필독서, 열 살에 맞는 책 같은 건 소용없다. 두꺼운 책도 챕터를 나누어 읽어주면 어떤 나이의 아이든 빠져들어 읽는다. 매번 얇은 그림책만 빌리러 오는 6학년 여자아이가 있었다. 책 읽기를 싫어하나보다 생각했지만, 알고 보니 상당한 독서광이었다. 연령별 추천 도서 같은 것을 믿지 않는다. 두꺼운 책도 읽어주고 얇은 책도 읽어주면 된다.

긴 줄글 책을 받아 들고 겁먹는 아이라면 아무 페이지나 펼쳐서 눈에 띄는 구절부터 읽어도 좋다. 재미있는 삽화가 있다면 그 부분부터 읽어도 좋고, 그 페이지만 읽어도 된다. 아무것도 읽지 않는 것보다, 학습만화만 읽는 것보다는 훨씬 낫다. 가벼운 시작이 독서의 문을 열어줄 것이다.

얼마 전 무제 출판사 박정민 대표의 추천사가 무척 인상 깊었다. 넷플릭스를 보지 말고 추천하는 책을 읽으라는 내용이었다. 아이들에게 유튜브나 넷플릭스보다 책이 재밌어야 한다. 그럴 수 있다. 그런 책을 골라서 읽어주고 읽게 하면 된다. 도서관 담당 교사 3년의 경력을 끌어모았다.

1단계: 책에 부담을 줄여주는 토이북

글자와 문장, 책에 대한 두려움을 없애고 독서의 즐거움부터 알려주자. 책을 좋아하지 않는 아이라면 연령에 상관없이 토이북부터 시작해 보자. 책 자체에 거부감을 없애주고 '놀이 수단'으로 생각하게 만들어준다. 만지다가 찢어질 수도 있으니, 도서관에서 대출하기보다는 구입하는 것을 추천한다. 책이 찢어질 만큼 닳도록 보여주자. 종이에 익숙해지고 책에 익숙해지도록! 이 단계에서의 목표는 책은 재미있는 것, 지루하지 않은 것, 심심함을 없애주는 것이라는 이미지를 심어주는 것이다. 초등 6학년이어도 좋다. 학습만화보다는 『월리를 찾아라!』, 휴대전화 게임보다는 스도쿠나 퍼즐, 유튜브 종이접기 채널보다는 종이접기 책으로 놀게 하자.

- **『당신은 빛나고 있어요』 (에런 베커, 웅진주니어, 2019)**
- **『모두가 빛나요』 (에런 베커, 웅진주니어, 2020)**
- **『월리를 찾아라!』 (마틴 핸드포드, 북메카, 2016)**
- **스도쿠**
- **퍼즐**
- **종이접기 책**

지난 책에서 종이접기의 효능과 효과에 관해서 언급했다. 최나야 교수와 서울대 아동 언어 인지 연구실에서 개발하고 정리한 『문해력

유치원』(EBS BOOKS, 2022)에서도 종이접기가 문해력에 도움이 된다고 말한다. 종이접기 책을 보는 것은 유튜브 채널을 보고 종이접기를 따라 하는 것과는 다르다. 읽고, 이해해 보려고 노력하고, 접어보고, 실수하는 과정에서 문해력이 자란다. 책 읽기를 싫어한다면 종이접기 책을 함께 보며 만들어보자. 팽이, 비행기만 나와 있는 종이접기 책, 다면체로 입체 만들기만 나와 있는 책도 있다. 종이접기로 도화지에 풍경을 완성할 수 있는 책도 있다. 종이접기 책의 세계는 정말 무궁무진해 아이가 마음에 쏙 드는 종이접기 책 한 권 정도는 찾을 수 있을 것이다.

종이나라에서 만든 종이접기 급수 책은, 3급, 2급, 1급 순으로 구성되어 있다. 각 책에 나와 있는 과제를 끝내고 협회로 보내면, 급수증과 메달을 준다. 집에서 천천히 함께 따라 해보면 급수와 메달을 따는 재미와 함께 문해력과 종이접기 실력이 늘어난다. 별것도 아닌 메달인데 아이들은 올림픽 금메달을 딴 것처럼 기뻐하니 성취감을 심어주기에도 좋다.

2단계: 책을 여러 번 반복해서 읽기

같은 책을 반복해서 읽으면서 낯선 책에 대한 허들을 낮추고 읽기에 대한 자신감과 읽기 속도를 높인다. 아이들이 책을 반복해서 읽으면, 읽을 때마다 다른 것을 발견하고 독서의 깊이를 더해간다. 처음에는 그림만 읽던 아이들이 등장인물의 관계를 파악하고, 이야기를 따라가며 인물의 감정에도 집중하고, 그림의 디테일도 보게 된다. 시리즈로 된 책을 읽으면, 등장인물의 관계나 성격을 이미 잘 알고 있어 같은 인물이 다른 사건에서는 어떻게 묘사되는지, 사건을 어떻게 해결해 가는지를 비교하면서 독서에 재미와 깊이를 더해갈 수 있다. 소개하는 책 외에도 아이가 좋아하는 책이 있다면 반복해서 읽게 해주자. 한 권만 깊이 있게 읽어도 문해력은 자란다.

김영진 작가 그림책 시리즈

책 페이지마다 작은 동물을 숨겨서 그려놓았다. 책 읽을 때마다 동물을 찾는 재미가 쏠쏠해 자주 펼쳐 읽게 된다. 시리즈를 연달아 읽으면, 익숙한 등장인물의 이야기를 읽는 재미가 있다. 아이들이 일상에서 공감할 만한 소재를 현실감 넘치게, 유머러스하게 풀어놓아 책을 읽으며 상상하고 깊이 빠져들 수 있다.

- **『손톱 깨물기』** (김영진, 길벗어린이, 2008)
- **『엄마는 회사에서 내 생각해?』** (김영진, 길벗어린이, 2014)
- **『아빠는 회사에서 내 생각해?』** (김영진, 길벗어린이, 2015)
- **『미안하고 고맙고 사랑해』** (김영진, 길벗어린이, 2016)
- **『틀리면 어떡해?』** (김영진, 길벗어린이, 2019)
- **『걱정이 너무 많아』** (김영진, 길벗어린이, 2020)
- **『수박』** (김영진, 길벗어린이, 2021)

『100층짜리 집』 시리즈

내용도 내용이지만, 층마다 다른 그림을 보는 재미가 있다. 그림책에서 그림만 보는 것 같다고 걱정하지 않아도 된다. 그림책의 일차적인 목적은 그림을 보는 것이다. 그림을 보며 아이가 머릿속으로 상상하는 세상은 어른들은 이제 상상조차 할 수 없는 세계일 것이다.

- **『100층짜리 집』** (이와이 도시오, 북뱅크, 2009)
- **『지하 100층짜리 집』** (이와이 도시오, 북뱅크, 2010)
- **『바다 100층짜리 집』** (이와이 도시오, 북뱅크, 2014)
- **『하늘 100층짜리 집』** (이와이 도시오, 북뱅크, 2017)
- **『숲속 100층짜리 집』** (이와이 도시오, 북뱅크, 2021)
- **『늪 100층짜리 집』** (이와이 도시오, 북뱅크, 2024)

3단계: 등장인물과 아이의 감정을 연결하기

"나도 그랬어!" 책을 읽으며 등장인물의 마음에 공감하고, 위로받는 경험은 아이를 책에 깊이 빠지게 한다. 내 마음을 대변하는 등장인물의 이야기는 아이를 독자가 아닌 책 속 인물로 만든다. 이러한 경험은 '책 읽는 아이'로 만드는 지름길이기도 하다.

동화책과 소설책을 많이 읽으며 자란 아이는 공감 능력이 뛰어나다는 연구 결과도 있다.(『도둑맞은 집중력』 요한 하리, 어크로스, 2023.)

이야기를 읽으면서 다른 사람의 상황을 그려보고, 등장인물의 마음을 간접적으로 체험하면서 타인의 마음을 이해할 수 있기 때문이다. 등장인물을 이해하려는 태도는 일상에도 적용되기에, 동화책과 소설책을 읽는 경험은 아이의 사회성과 감성지수를 높여준다.

그런 점에서 '감정'을 다룬 그림책은 아이를 책으로 들어가게 하는 열쇠가 된다. 아이의 감정을 잘 묘사한 책은 읽는 동안 등장인물과 자신의 경계를 허물고, 책의 재미를 느끼게 해준다. 특히 아이의 부정적인 감정을 건드리는 책은 훨씬 효과가 좋다.

속상한 마음을 알아주는 책

아이들은 늘 속상하다. 눈물이 많아서 작은 일에도 닭똥 같은 눈물을 뚝뚝 흘린다. "뚝 그쳐! 울지 말고 말해!" 하고 말했다면, 이제는 이 책을 함께 보자. 아마 매일 봐야 할지도 모르겠다. 번역 그림책은 원서도 쉽게 찾아볼 수 있으니 쌍둥이 책으로 활용해 보기 바란다.

- **『소피가 화나면, 정말 정말 화나면』** (몰리 뱅, 책읽는곰, 2013)
- **『소피가 속상하면, 너무너무 속상하면』** (몰리 뱅, 책읽는곰, 2015)
- **『안 돼, 데이비드!』** (데이비드 섀넌, 주니어김영사, 2020)
- **『이게 정말 마음일까』** (요시타케 신스케, 주니어김영사, 2020)
- **『미움아, 안녕!』** (조셉 코엘로우, 노란상상, 2023)

4단계: 그림책에서 줄글로 넘어가기

외국에 나와보니 아이들의 읽기를 돕는 체계적인 리딩북이 많았다. 우리나라는 그림책과 줄글 책의 징검다리 역할을 해주는 책이 많지 않다. 그래서 아이가 초등학생이 되면 글밥이 많은 책에 질려버리고 학습만화만 읽는 것은 아닐까. 그림책과 줄글 책을 이어주는 책을 소개한다. 책과 친숙해졌다면 이제 글밥을 늘릴 차례다. 그림책도 있고 줄글 책도 있는 책은 같은 등장인물이 나오니 아이들이 친숙하게 받아들인다. 같은 주인공이 나와서 펼쳐지는 다양한 이야기를 그림책으로 읽어주다가 줄글 책도 한번 읽게 해보자. 판형이 작아지고, 두께가 두꺼워진 책에도 자연스럽게 적응한다. 줄글 책이지만, 글씨가 크고 두께가 얇은 책에도 도전해 보자. 일본 작가 구도 노리코의 책이 대표적이다.

그림책

- **『빵 공장이 들썩들썩』** (구도 노리코, 책읽는곰, 2015)
- **『기차가 덜컹덜컹』** (구도 노리코, 책읽는곰, 2015)
- **『초밥이 빙글빙글』** (구도 노리코, 책읽는곰, 2016)
- **『비행기가 부웅부웅』** (구도 노리코, 책읽는곰, 2017)
- **『아이스크림이 꽁꽁』** (구도 노리코, 책읽는곰, 2018)
- **『오싹오싹 도깨비 숲』** (구도 노리코, 책읽는곰, 2019)
- **『카레가 보글보글』** (구도 노리코, 책읽는곰, 2020)

- **『케이크가 커졌어요!』** (구도 노리코, 책읽는곰, 2021)
- **『으라차차 라면 가게』** (구도 노리코, 책읽는곰, 2022)
- **『시끌벅적 바다 여행』** (구도 노리코, 책읽는곰, 2023)
- **『꼬르륵 꼬르륵 캠핑』** (구도 노리코, 책읽는곰, 2024)
- **『얼렁뚱땅 피자 배달』** (구도 노리코, 책읽는곰, 2025)

글씨가 크고 두께가 얇은 책

- **『마르가리타의 모험 1: 수상한 해적선의 등장』** (구도 노리코, 천개의바람, 2024)
- **『마르가리타의 모험 2: 사라진 봄의 여신』** (구도 노리코, 천개의바람, 2024)
- **『마르가리타의 모험 3: 기묘한 마법 사탕』** (구도 노리코, 천개의바람, 2024)

줄글 책

- **『우당탕탕 야옹이와 금빛 마법사』** (구도 노리코, 책읽는곰, 2022)
- **『우당탕탕 야옹이와 바다 끝 괴물』** (구도 노리코, 책읽는곰, 2021)

작가는 아이들이 책을 통해 조금씩 어려운 단어를 접해야 한다고 말한다. 게다가 이렇게 단계별로 잘 적응할 수 있게 책을 써주니 고맙기도 하다.

읽기 독립을 위해 만들어진 리딩북도 있다. 『병만이와 동만이 그리고 만만이』 시리즈(보리)는 줄글 책이지만 두께가 얇아서 아이 스스로 문고판 읽기에 도전해 볼 만하다. 출간된 지 오래되었지만 단어, 문장의 길이, 호흡, 리듬까지 맞추어 아이들이 스스로 읽을 수 있게 만들어진 책이다.

이 단계에서는 아이와 부모가 한 문장 혹은 한 쪽씩 교대로 읽거나, 줄글은 부모님이 읽고 대화는 아이가 읽어보자. 읽어주기만 바라는 아이도 있는데, 글을 읽는 데 에너지가 많이 들어서 그렇다. 내용을 이해해야 하는데, 글자를 읽느라 에너지를 다 써버리니 에너지가 부족하다. 읽기도 연습해야 한다. 읽기 근육을 만들어주기 위해서는 아이가 조금 힘들어해도 읽기 연습을 시키자.

5단계: 만화와 줄글 그 사이쯤에서

온전히 만화로만 된 책은 추천하지 않지만, 또 줄글만 가득한 책을 읽으면 아이가 금방 지친다. 혼자서 책을 읽게 하려면, 만화와 줄글이 적절하게 섞여 아이가 부담 없이 읽을 수 있는 책을 권해보자. 그림책 분량의 책으로, 만화와 줄글이 적절하게 배치되어 있어 '읽기 독립'을 목표로 추천하는 책이다.

- **『야옹이 수영 교실』** (신현경, 북스그라운드, 2023)
- **『벚꽃 수영장』** (신현경, 북스그라운드, 2024)
- **『모두의 수영장』** (신현경, 북스그라운드, 2025)
- **『불꽃 수영 대회』** (신현경, 북스그라운드, 2025)

지브리 애니메이션을 재밌게 봤다면 『지브리 애니메이션북』 시리즈(대원씨아이)도 추천한다. 애니메이션의 영상을 그대로 책에 담아 두껍지만 부담 없이 술술 읽는다. 애니메이션을 한 번 보고, 책을 권해보자. 두께가 상당한데도 그림이 많아서 잘 읽힌다. 이렇게 한번 읽고 나면 두꺼운 책에도 부담을 덜 가진다.

6단계: 두꺼운 줄글 책

우리가 원하는 가장 이상적인 모습일 것이다. 소설책 한 권을 들고 앉아 이야기에 푹 빠져 책 읽는 아이의 모습! 책을 읽는 동안 "엄마"를 부르지 않는 그 시간! 그 모습을 위해서는 일단 노력이 필요하다.

처음에는 무조건 읽어줘야 한다. 분량의 부담으로 아이가 선뜻 시작하기는 어려울 것이다. 하루에 한 챕터만 읽어주면 된다. 마지막 책장을 덮으면서 '와! 재밌다!' 하고 느끼면 그다음 책도 술술 읽는다.

두껍지는 않지만 페이지당 글밥이 많고 재미없게 생긴 표지 때문에 아이들이 절대 먼저 선택하지 않지만 내용은 정말 재미있어 읽어주면 실패하지 않는 책이다. 이 책들을 읽어주고 나면 재미없어 보이는 표지에 대한 인식이 바뀌게 될 것! 이 책들부터 시작해 보자.

- **『깊은 밤 부엌에서』** (모리스 샌닥, 시공주니어, 1994)
- **『치과 의사 드소토 선생님』** (윌리엄 스타이그, 비룡소, 1995)

- **『도서관』** (사라 스튜어트, 데이비드 스몰, 시공주니어, 1998)
- **『핀두스, 너 어디 있니?』** (스벤 누르드크비스트, 풀빛, 2004)
- **『당나귀 실베스터와 요술 조약돌』** (윌리엄 스타이그, 비룡소, 2017)

다음 다섯 권을 읽어주고 나면 아이는 자연스레 책을 스스로 펼쳐 들 것이다. 이야기 속에 깊이 빠져드는 경험은 아이를 '책을 좋아하는 아이'로 자라나게 하는 힘이 된다.

- **『마법의 설탕 두 조각』** (미하엘 엔데, 한길사, 2001)
- **『만복이네 떡집』** (김리리, 비룡소, 2010)
- **『13층 나무 집』** (앤디 그리피스, 시공주니어, 2015)
- **『고양이 해결사 깜냥』** (홍민정, 창비, 2020)
- **『술술이 책방』 시리즈** (이향안 외, 그레이트북스)

『마법의 설탕 두 조각』을 제외한 나머지 책은 시리즈가 있는 책들이다. 아이가 흥미를 느끼고 좋아한다면 다음 시리즈로 쭉 연결해서 읽히면 된다. 읽어주지 않아도 읽고 싶어 할 것이다.

이후에 읽으면 재미있을 리스트도 소개한다. 『수상한』 시리즈(북멘토), 『이상한 과자 가게 전천당』 시리즈(길벗스쿨), 『올빼미 시간 탐험대』 시리즈(을파소), 『우리 반』 시리즈(리틀씨앤톡), 『채사장의 지대넓얕』 시리즈(돌핀북), 『물리 박사 김상욱의 수상한 연구실』 시리즈(아울북), 『해리 포터』 시리즈(문학수첩) 등이다. 단계를 잘 따라왔다면 분명 잠을 아껴가며 읽게 될 것이다.

추천 도서보다 내 아이에게 맞는 도서

"아이가 1학년인데 어떤 책부터 시작할까요?" "아이가 3학년이면 어떤 책이 좋을까요?"라고 질문하지만 어떤 나이든 상관없다. 맨 처음 추천한 그림책부터 마지막 『해리 포터』까지 와보길 바란다. 초등 1학년이라면 『해리 포터』까지 오는 데 몇 년이 걸릴 것이고, 5학년이라면 1년 정도 걸릴 것이다. 6학년도 상관없다. 그림책은 어른도 읽는 책이고, 책을 좋아하는 아이라면 일곱 살에도 『해리 포터』를 읽을 수 있다.

연령별 추천 도서 목록에서 벗어나자. 늦은 건 아닌지 걱정하지 말자. 초등 6학년에 그림책부터 시작한다면 빠른 속도로 책 읽기에 빠져들 것이다. 늦었다고 생각할 때가 제일 빠르다. 우리 집 아이들은 책 읽기를 싫어했는데, 일곱 살부터 책 읽기에 흥미를 붙이기 시작하더니 책 읽는 속도가 놀라울 정도로 빨라졌다. 큰아이는 문고판 책을 하루에 한두 권씩 읽는데 하루 한 권이면 1년에 300권이 넘는 책을 읽는 셈이다. 좋아하기 시작하면 달려간다. 시작하는 나이는 중요하지 않다.

독서는 무조건 재미다. 취미는 독서여야 한다. '공부는 못해도 책 읽는 아이로 키우고 싶다'를 목표로 삼는다. 그러면 자연히 공부도 따라온다. 이렇게 책 읽기에 관한 이야기를 많이 하는 것은 초등에서 가장 중요한 것을 하나만 꼽으라면 독서이기 때문이다. 공부를 잘한다고 해서, 문해력을 갖추었다고 해서 꼭 책을 많이 읽는 것은 아니다. 반대로 책을 많이 읽는다고 해서 공부를 잘하는 것도 아닐 테지만, 독서는 성적을 넘어 삶을 단단하게 만들어주는 힘을 길러준다. 모든 과목의 기초가 되어준다.

독서를 위해서는 독서할 시간이 확보되어야 한다. 지금 당장 수학 문제집 몇 장 더 푸는 것보다 책 한 권 재밌게 읽는 것이 미래를 위해서 더 나은 투자다. 책을 들어 읽게 하려면 아이는 심심해야 한다. 아이가 심심하다고 하면 치대고 있자. 물론 심심해서 책을 들 정도가 되려면 정말 정말 심심해야 한다는 사실도 잊지 말자.

시작 노트

한자 자격증, 지금 꼭 안 따도 된다

우리말의 약 70퍼센트 이상은 한자어이고, 한지를 많이 아는 것은 어휘력을 높이는 데 도움이 된다. 그렇지만 '한자' 그 자체를 외우는 것이 도움이 될까?

예를 들어, 단어 앞에 '과'라는 글자가 붙으면 뭔가 '넘치게 한다'라는 뜻이 된다. '과'는 한자어로 '過(넘칠 과)'인데, 이 한자를 100번씩 쓰고 외워봐야 어디에 쓰는지 알지 못하면 소용없다. 차라리 '과'라는 말이 붙으면 '많이 한다'라는 뜻이구나 이해하고 그 말이 들어간 어휘를 많이 아는 것이 초등 저학년에게는 훨씬 좋다. 과속, 과소비, 과식, 과로, 과장, 과대, 과민 등의 단어가 어디에서 어떻게 쓰이는지 알고 의미를 아는 것이 더 중요하다.

한자 급수 자격증을 따는 것이 아이의 성취감을 위해서라면 찬성하지만, 이를 통해 어휘력을 높이겠다는 목적이라면 그 시간에 책 한 권 더 읽히기를 추천한다. 문장 속에서 단어가 어떻게 쓰이는지 알고, 그 단어를 글쓰기에 활용할 수 있게 알려주는 편이 훨씬 도움이 된다.

그러기 위해서는 **아이가 책을 읽다가 모르는 단어가 나왔을 때, 단어의 뜻을 풀어서 설명해 주는 습관을 들이자.**

"엄마, '양심의 가책에서 벗어났다'에서 '가책'이 뭐야?"

"'가책'에서 '가'는 꾸짖는다는 뜻이고, '책'도 꾸짖는다는 뜻이거든? 그러면 어떤 뜻인 것 같아?"

"꾸짖고 꾸짖는다?"

"맞아. 내가 잘못된 행동을 하면 내 양심이 나를 꾸짖는다, 혼낸다는 뜻이야."

"내가 뭘 잘못하면, 스스로 혼낸다는 거야?"

"그렇지, 누군가는 혼내지 않았지만 스스로 잘못된 행동이라고 생각해서 멈춘다는 거야."

단어를 풀어서 설명해 준 뒤에는 국어사전에서 그 한자어가 들어간 낱말을 한두 가지 더 찾아보게 한다. 책망하다, 자책하다, 질책하다 등의 낱말을 눈으로 한번 익히게 한다. 나중에 책이나 교과서, 문제집에서 이 단어가 등장하면 유추해서 뜻을 알 수 있다.

뜻은 알지만, 정확히 어떤 단어인지 설명해 줄 수 없다면 같이 찾아보자. 국어사전을 늘 거실에 놔두고 사전을 찾는 습관을 들이자. 하루에 하나씩만 알려줘도 1년이면 365개다. 초등 저학년 때 한자어 하나씩만 알려줘도 3년이면 1,000자다. '꾸짖을 가' '꾸짖을 책'을 100번씩 쓰고 외우는 것보다 "양심의 가책에서 벗어났다."라는 한 문장을 읽어보는 것, 문장 속에서 이 단어가 어떻게 쓰이는지 알게 하는 것이 지금 해야 할 일이다.

책뿐만 아니라 일상의 모든 것이 학습 자료다. 나의 경우, 신문을 읽혀서 한자가 어떻게 사용되는지를 알려주려 했다. 어휘력을 높이려면 꾸준한 신문 읽기를 추천한다. 처음 신문을 읽을 때는 모든 기사의 내용을 다 이해시키려 하지 말고, 매일 단어 다섯 개만 알려준다는 마음으로 시작해 보자. 매주 주말에는 일주일 동안 익힌 단어로 빙고 게임을 하면서 눈으로 한 번 더 익히게 하는 정도면 충분하다

일하는 부모님이라서 아이와 함께할 시간이 부족하다면 『마법천자문』 시리즈(아울북) 같은 학습만화도 도움된다. 빠른 시간에, 재미있게 한자를 익힐 수 있다는 점에서 추천한다. 하지만 학습만화'만' 읽는 것은 경계해야 한다. 재밌게 읽고 나면 『마법천자문』에 나온 한자어를 노트에 한 번 정리해 보고, 그 한자가 들어간 다른 단어를 다섯 개 정도 국어사전에서 찾아보면 좋다.

놀 시간도 충분하고, 책 읽을 시간도 충분하고, 부모와 대화하며 한자어를 알려줄 시간까지 충분히 보내고도 시간이 남는다면 한자 급수 자격증을 추천한다. 쉽게 갈 수 있는 길은 쉽게 가고, 반드시 해야 할 것에 더 집중하기를 바란다. 다른 아이가 한다고 해서 무조건 따라가지 말기를!

〈예시〉 **『마법천자문』 활용법**

<table>
<tr><td colspan="4" rowspan="2">마법천자문 (　　)권
(　　)페이지</td><td rowspan="6">이 글자가
쓰이는 단어</td><td></td></tr>
<tr><td></td></tr>
<tr><td rowspan="3">나온
한자</td><td colspan="3" rowspan="3"></td><td></td></tr>
<tr><td></td></tr>
<tr><td></td></tr>
<tr><td>뜻</td><td></td><td>음</td><td></td><td></td></tr>
</table>

<table>
<tr><td colspan="4" rowspan="2">마법천자문 (1)권
(14)페이지</td><td rowspan="6">이 글자가
쓰이는 단어</td><td>화재</td></tr>
<tr><td>화산</td></tr>
<tr><td rowspan="3">나온
한자</td><td colspan="3" rowspan="3">火</td><td>방화</td></tr>
<tr><td>소화</td></tr>
<tr><td>발화</td></tr>
<tr><td>뜻</td><td>불</td><td>음</td><td>화</td><td>화력</td></tr>
</table>

6장

수학, 선행보다 기본기가 먼저다

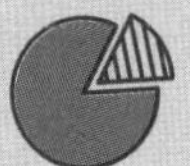

수학 선행, 정말 해야 할까?

요즘 SNS에는 엄마들을 위한 수학, 과학, 영어 스터디가 있어서 엄마가 직접 공부하고 아이들을 가르치는 모습을 종종 본다. 교사용 지도서를 구해서 살펴보라고 하고, 수많은 엄마표 자료를 나눠주기도 한다. 너무 좋은 자료이고 정말 고맙지만 그걸 다 보고 있자면 '이걸 내가 다 알고 있어야 한다고?'라는 생각부터 든다. 모든 걸 내려놓고 더욱더 사교육에 의존하고 싶어지기도 한다. 도대체 부모의 역할은 어디서부터 어디까지여야 하는가.

부모가 가르쳐야 하는 건 공부하는 방법이다. 더하기와 빼기는 어떻게 가르치며, 도형은 어떤 교구로 어떻게 가르쳐야 하는지는 학교 선생님이, 학원 선생님이 하시면 된다. 집에서는 무엇을 해야 할까? 다른 아이가 아무리 선행을 하고 있어도, 우리 아이는 아이의 속도에 맞추겠다고 마음을 굳게 잡는 것이다. 선행학습을 하는 친구를 보며 아이가 불안해한다면 "네 학년에 해야 할 수학을 제대로 하는 것이 더 중요해." 하고 마음을 잡아줘야 한다.

아이와 아이 친구를 데리고 길을 가고 있는데 버스가 지나갔다. 유치원에 막 입학한 아이 친구가 "저건 9300번 버스, 저건 55번 버스, 저건 9712번 버스." 하고 버스 번호를 읽었다. 우리 아이는 겨우 1부터 10까지 세고 있는데. 아이 친구 집에 놀러 갔는데 초등 3학년 1학기 문제집이 식탁에 꽂혀 있다. 우리 아이는 아직 1학년 2학기 문제집도 제대로 못 끝냈는데. 학군지에서는 이미 4년 선행이 기본이라 해도, 뉴스에 고등학교 문제집을 풀고 있는 초등학생이 나왔다고 해도 나는 관심 없다. 하지만 옆집 아이가 치고 나가면 내 마음도 급해진다. 우리 애만 늦은 건 아닌가 불안한 마음은 나도 마찬가지다.

그런데 꼭 이 말을 전하고 싶다. 선행을 많이 해서 수학을 잘한다면, 모든 아이가 단원평가든 『수학 익힘』이든 척척 풀어와야 하는데, 그런 아이가 별로 없다는 것이다. 1학년 반에 3학년 수학 문제집을 가져와 쉬는 시간에 푸는 아이가 있었다. 그 아이는 1학년 1학기『수학 익힘』의 심화 문제를 풀지 못했다. 선행을 해서 정말 좋은 거라면 나부터 두 손 들고 나서서 "여러분! 선행은 정말 중요해요!" 하고 말할 것이다. 내 아이부터 그렇게 키웠을 것이다.

한국 나이로 초등 4학년 2학기에 접어드는 큰아이는 3학년 2학기 심화 문제집을 풀고 있고, 지난 방학에는 4학년 1학기 기본 문제집을 풀었다. 방학 내내 아이가 한 말은 "엄마, 작년에 한 게 기억이 안 나." 였고 내가 한 말은 "맞아, 엄마는 어제 먹은 아침밥도 기억 안 나."였다.

"다시 풀어보면 기억이 날 거야. 그리고 3학년 2학기 문제집 풀면 4학년 1학기 문제집 풀 때도 도움될 거야. 다시 찬찬히 풀어봐. 생각 안 나는 게 당연해."

"누구는 ○○학원에 들어갔다더라." "누구는 ○○학원 제일 높은 반에 들어갔다더라." "○○는 초3인데, 6학년 과정까지 다 떼었다더라." 내 아이만 뒤처지고 있구나 싶어 불안한 마음이 들면 아이를 자꾸 달리게 한다. 신발 끈이 풀어졌는지도 모르고 계속해서 앞만 보고 달려가다 보면 풀어진 신발 끈에 걸려 크게 넘어진다.

각 과정을 제대로 이해하는 것이 가장 좋은 수학 공부법이다. 불안하다면 다음 학기에 해당하는 얇은 문제집 한 권 정도는 예습하는 차원에서 풀어보자. 방학 동안 수학 문제집 한 권을 푸는 것도 쉽지 않으므로, 딱 한 권만 풀게 해야 한다면 어떠한 고민도 없이 지난 학기의 심화 문제집을 권하고 싶다.

아이들은 '아는 것'과 '이해하는 것'이 같다고 생각한다. 아이들이 수업 시간에 많이 하는 말 중 하나는 "아! 나 그거 아는데!"다. 아는데 기억이 안 나고, 아는데 이해는 못 했다는 뜻이다. 선행학습에서 가장 문제가 되는 점이다.

무리한 선행학습은 수학을 억지로 외우게 한다. 사실 개념을 이해하지 못해도 공식이나 문제 풀이 방법만 알면 간단한 연산 문제는 풀 수 있다. 그러면 아이도 부모도 이 개념을 모두 '이해'했다고 여기고 다음 진도로 넘어간다. 수포자를 만드는 지름길이다. 아는 것과 이해한 것을 구분해야 한다. 제대로 이해해야 공식을 외우지 않더라도 공식을 유도해 낼 수 있다. 선행학습으로 이미 공식을 외워버리면, 학교에서 아무리 설명해도 제대로 듣지 않고 넘어간다. 충분히 시간을 가지고 스스로 이해해 보는 시간이 필요한데, 알고만 넘어가는 것이다. 매번 강조해도 지나치지 않는다. 선행보다는 심화 복습이다.

구멍 없는 수학을 위한 문제집 활용법

"그럼 어떻게 하면 좋을까요?"라고 묻고 싶을 것이다. 인터넷으로 문제집을 사지 말고 서점에 가서 아이 학년에 해당하는 수학 문제집을 몇 권 찾아보자. 여러 출판사가 있으니 이 문제집은 어떤 단계로 구성되어 있는지 살펴보고, 한 출판사의 문제집을 1단계부터 2단계나 3단계까지 차근차근 풀어보자. 문제집을 개발할 때는 각 단계를 고려해 체계적인 학습이 되도록 구성하기에 한 출판사를 정했으면 그 출판사의 문제집을 단계에 맞춰 끝까지 풀게 하길 바란다.

1학년 1학기를 시작했다고 가정해 보자. 학기가 시작하면 학교에서 나눠주는 주간 학습 계획을 냉장고에 붙여놓고 수학 진도가 어디까지 나갔는지 확인하며 그 단계에 맞춰 수학 문제집을 푼다. 학교 교과서와 똑같은 교과서 하나를 집에 두고, 아이에게 오늘은 어디까지 배웠는지 물어보면서 확인해도 좋다. 분량은 오늘 학교에서 배운

만큼이다. 기초 문제집 한두 장, 그다음 단계의 응용 문제집 한두 장을 같이 푼다. 오늘 배운 내용만큼만 심화 복습하는 것이다. 문제를 풀 때는 교과서 뒷부분에 있는 부록도 활용해 보자. 비싼 수학 교구는 필요 없다. 교과서 뒷부분에 단원별로 제공되는 부록을 뜯어서 문제집을 풀 때 활용하면 충분하다.

1학년 1학기 여름방학이 되면, 학기 중에 풀었던 문제집과 같은 출판사의 심화 문제집을 풀어보면서 복습한다. 이렇게 하면 1학년 1학기의 수학을 빈틈없이 해나갈 수 있다. 방학 동안 부족한 부분이 있으면 보충하면 된다. 지난 학기 문제집을 복습하면서 푸는 중에 아이가 기억이 안 난다고, 배웠는데 잊어버렸다고 하면 혼내도 될까? 부모가 6주 전에 먹은 점심 식사 메뉴를 기억한다면 혼내도 좋다. 기억이 안 난다면 혼내지 말자. 서너 달 전에 배운 내용이다.

수학은 학년마다 연속성은 있지만, 각 학년의 단원끼리는 연속성이 없다. 연산 단원을 하다가 도형 단원을 하다가 통계로 넘어가기도 한다. 아이들이 충분히 잊어버릴 수 있다. 부모는 속이 타지만, “엄마도! 이상하게 배운 게 기억이 안 나더라.” 하면서 다시 풀어보게 하자. 복습은 다시 학습한다는 의미이지, 예전에 배운 걸 다 기억하고 답을 맞추는 대회가 아니다. 복습하면서 몰랐던 것을 상기하고, 다시 한번 학습하는 과정은 장기기억으로 넣는 과정이다.

그래도 부모 마음은 2학기 수학 문제를 한 번 정도는 훑었으면 할 것이다. 가장 얇은 수학 문제집을 구입해 1학년 2학기 예습을 하면 된다. 단, 처음 배우는 것이므로 다 틀려도 좋다. 다음 학기를 준비하는 마음으로 풀어야 하는데, 틀린다고 혼내는 실수를 범하지 말기를 바란다. 아이들이 처음 배우는 것이다. '아, 이런 걸 배우는구나!' 정도로만 알게 해야 한다. 다음 학기가 시작도 하지 않았는데, 이걸 틀리냐고 윽박지르면 시작도 전에 포기한다. 마음을 다잡자. '다음 학기 문제집은 훑어보는 용도다. 다 틀리는 것이 기본이다.'라는 마음가짐으로 풀어보게 해야 한다.

1학년 2학기가 되면 똑같이 하면 된다. 각 학년의 수학을 구멍 없이 해나가는 것을 초등 수학의 목표로 삼았으면 좋겠다. 학교에서는 구멍이 송송 뚫린 아이들을 많이 만난다. 내 아이는 절대로 그렇게 만들지 않으리라 다짐하고, 해당 학년의 수학을 반복·복습·심화시켰다. 그렇게 가르쳤고, 앞으로도 그럴 것이다.

방학 동안 지난 학기 수학을 복습하다가 어려워하는 단원이 있으면, 그때는 외부의 도움을 받는다. 분수 단원을 어려워한다면, 수학 과외나 학원 선생님께 그 부분만 빠르게 짚어달라고 부탁드리자. 사교육을 똑똑하게 이용하는 방법이다.

학년이 높아지면 아이 문제집에 엄마도 못 푸는 문제가 등장한다. 아이가 모르는 게 있거나 이해가 안 되는 문제가 있다고 하면 일단 해당하는 단원의 교과서를 펼치고, 기본 개념을 어떻게 설명하고 있는지, 어떤 교구를 이용해서 어떻게 가르치고 있는지 같이 살펴본다. 초등 과정 정도는 부모가 충분히 이해할 수 있으므로, 미리 공부할 필요는 없고 아이가 물어보면 같이 공부한다는 느낌으로 살펴보자.

문제집 정답지에는 해답과 함께 해설이 있다. "아빠가 이거 잘 모르겠는데, 해설에는 뭐라고 나와 있는지 같이 살펴보자." 하고 해설을 같이 읽어보자. 답은 물론 가려놓고 말이다. 아이들이 실마리를 찾지 못해 문제를 풀지 못한 경우에는 첫 줄만 읽고도 "아!" 하고 문제를 풀기도 한다. 부모가 먼저 읽어보고, 힌트를 살짝 주는 것도 좋다. 정리하자면, 다음과 같다.

① 3단계 이상으로 구성된 출판사의 문제집을 하나 정한다.
② 1학기 중에는 학교 진도에 맞게 집에서 문제집 두 권(하루에 서너 장 정도), 각 출판사 문제집의 1단계와 2단계를 풀어본다.
③ 방학 동안에는 1학기 문제집의 3단계 심화 문제집을 풀면서 심화 복습하고, 예습이 필요하다면 가장 얇은 문제집 한 권 정도 더 푼다.
④ 2학기도 동일하게 반복하고, 겨울방학에도 동일하게 반복하면 된다.
⑤ 문제를 풀다가 정말 이해가 안 되거나 어려워하는 단원이 있으면, 과외나 온라인 수업, 학원의 도움을 받아 보충하고 구멍 없이 메꿔나가면 된다.

학교 입학 전후로 체계적인 수학 문제집이 필요하다면 『기적의 유아 수학』(박영훈, 길벗스쿨, 2025)을 추천한다. A단계부터 차근차근 풀되 시작했다면 반드시 C단계까지 마쳐보자. 연속성 있고 체계적으로 수학의 기초 개념을 이해할 수 있게 잘 만들어진 교재라 초등 입학 전후로 추천한다.

제 학년에 배워야 할 것만 꼼꼼하게 챙기면 된다. 정상까지 급하게 뛰어가려고 하면 체력도 잃고, 넘어지게 마련이다. 한 계단씩 차근차근 올라간다는 마음으로 시작하자. 그러려면 옆집 아이가 뭘 하고 있는지 안 보는 것이 정답이다.

초등 수학은 손으로 풀어야 한다

수학의 중요성은 익히 알고 있을 것이기에 본론부터 말하는 것이 좋겠다. 좋은 대학에 가려면 수학이 중요하다. 수학 포기자는 보통 초등 4학년을 기점으로 발생하기 시작하는데, 이는 1~3학년 수학을 가볍게 생각하고 넘어갔기 때문이다. 초등 1학년에 나오는 연산 개념은 매우 중요하다. 1이 10개가 모여서 10단위 1개로 바뀌는 과정을 손으로 써보고, 그림으로 그리고, 온전히 이해해야 하는 데 기계적으로 계산하는 방법만 가르치면 문제가 생긴다. 가령 세로 셈을 가르친다고 생각해 보자.

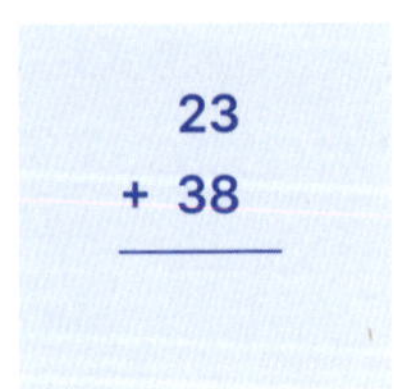

① 일의 자릿수인 3과 8을 더하면 11이다.

(1)
23
\+ 38

1

② 일의 자릿수 자리에 1을 십의 자릿수 위에 (1)을 적는다.

(1)
23
\+ 38

61

③ 십의 자리 (1), 2, 3을 더해서 6을 적는다. 즉, 61이다.

이렇게 가르치면 수포자가 한 명 탄생한다. 1이 10개가 모여서 10단위 1개가 되고, 10이 10개가 모여서 100단위 1개가 되는 과정을 손으로 직접 바꿔가며 이해해야 한다. 푸는 기술만 알면 연산 문제야 풀 수 있지만 그다음이 문제다. 당장 『수학 익힘』의 간단한 심화 문제도 풀지 못하는데, 그것만이 문제가 아니다.

학년이 올라가면 이 개념을 이용한 다양한 수학 개념을 배운다. 10mm와 1cm는 같다. 이 또한 1이 10개가 모여서 10단위 1개가 되는 것이다. 단위가 커질수록 머리가 복잡해진다. 결국은 받아 올림과 같은 개념에서 이해하면 쉬운데, 하나하나 모두 다른 수학 개념이라고 생각하면 어려워진다. 시계는 분이라는 단위가 60개 모여서 1개의 시간 단위가 된다. 같은 개념에서 출발했지만 아이들은 잘 이해하지 못한다.

곱하기도 마찬가지다. 23×4에서 20이 4개, 3도 4개라는 구조를 이해하지 못하고, 단순히 칸 맞추기로 문제를 풀면 기계적인 줄 맞추기로 계산한다. 소수와 분수의 변환에서도 점의 자릿수만 옮기게 될 뿐이다. 이는 중고등학교까지 이어진다.

아마 읽으면서는 이해하기 어려울지도 모르겠다. 몰라도 된다. 하고 싶은 말은 초등 1~3학년에는 수학 진도 나가기, 연산 문제 빨리 풀기, 정확하게 풀기를 연습시키기보다 그 원리를 충분히 이해할 수 있도록 도와야 한다는 말이다.

한국의 교육과정은 나선형 교육과정이다. 아주 작은 점에서 시작해 계속 나선을 그리며 내용이 확장된다. 수학에서 1학년 과정의 교과서 원리를 충분히 알려주지 않고 기계적인 연산만 시키면 힘들어진다. 그럼, 집에서는 어떻게 도와줘야 할까?

초등 수학은 교구를 충분히 활용해서 풀어보기 바란다. 시간이 오래 걸리더라도 교구를 놓아보고 움직이는 모습을 보면서 풀어야 한다. 그렇다면 비싼 수학 교구를 종류별로 사야 할까? 교과서 뒷부분에는 해당 학년, 해당 학기에 필요한 교구가 단원별로 준비되어 있으니 비싼 수학 교구를 구입할 필요가 없다. 또 수학 교구를 사도 언제 어떤 교구를 활용해야 하는지 모르는데, 교과서 부록을 활용하면 단원별로 정리된 대로만 활용하면 된다. KTA 한국 교과서 협회 사이트에서 교과서를 판매하는 오프라인 서점 목록을 볼 수 있다. 집 근처 서점을 방문해 출판사별 교과서를 살펴보고 부록이 가장 많은 교과서 한 권을 구입한다.

그림을 직접 그리며 풀게 하는 것도 좋다. 2학년에는 구구단을 배우는데, 단순히 구구단을 외우게 하지 말고 그림을 그려서 풀어보게 하자. 7×9는 동그라미 7개를 9번 그려야 하는데, 자꾸 그리다 보면 귀찮아서 63이라고 외우게 된다. 8×7을 그리다가 나중에는 4×7만 그리고 두 배로 계산하거나, 2×7을 그리고 네 배로 계산한다. 귀찮으니 자기만의 방법을 찾아가는데 이것이 곱셈의 원리를 깨치는 과정이며, 자연스럽게 암기도 하게 된다.

몇 가지 추천하는 교구도 있다. 학년마다 교과서 부록으로 등장하는 우표 놀이다. 교과서 부록은 종이 형태로 되어 있어 잃어버리기도 쉽고, 놓기도 어렵다. 1학년부터 연산 단원마다 사용하니, 우표 놀이 하나쯤은 초등학교 내내 가지고 있기를 권한다. 연산, 단위 변환, 곱하기, 나누기, 그래프 등 어디에서나 활용할 수 있다. 기계적으로 푸는 연산 방법은 이 활동이 충분히 이루어진 이후에 알려줘도 좋다.

한 가지만 더 추천하자면 가베다. 중고 물품 거래 사이트에 많이 올라와 있으니, 중고로 구입하는 것도 좋다. 구성품을 모두 살 필요는 없다. 있으면 있는 대로 없으면 비슷한 걸로 몇 개 넣으면 된다. 가장 저렴한 가베를 중고로 들여보자. 서점에서 기탄가베 워크북 등 집에서 해줄 수 있는 교재를 구매해 일주일에 한 번씩만 꾸준히 해주면 된다. 일주일에 한 번씩 정도면 1년을 할 수 있다. 또래 아이 엄마들과 인증 소모임을 만들고, 일주일에 한 번씩 인증을 하며 꾸준히 해나가는 것도 좋은 실천 방법이다.

학년별 이것만은 꼭!

각 학년의 모든 단원과 영역은 빠짐없이 중요하나, 우선 학년별 연속성을 가지고 있는 중요한 단원들, 이전 학년에 놓치면 다음 학년에 따라가기 어려운 것만 설명했다. 지금 설명하는 것은 놓치지 말고 가야 한다. 결론부터 말하면 교구로 조작하고, 손으로 그리고, 말로 설명할 수 있을 때까지 천천히 기다려주기!

1학년: 연산의 원리

☆1학년 추천 교구: 교과서 부록, 바둑돌, 레고, 우표 놀이, 색 구슬

1학년은 모든 초등 수학의 기초다. 아이들이 2+3=5라는 것을 머릿속으로 그려낼 수 있어야 한다. 3+7을 하면 10개가 되고, 이 낱개가 모여 1개의 10단위로 변한다는 그림을 이해해야 한다. 그럼 어떻게 가르쳐줘야 하나 싶을 텐데, 교과서에 다 있다. 엄마가 해주려고 하면 마음이 부담스럽다. 학교에 맡기면 선생님들이 알아서 다 해주신다.

1부터 10까지의 가르기와 모으기가 자유롭게 되고, 낱개 10개가 모여 1개의 10단위로 변한다는 사실을 눈으로 보고, 손으로 만져보고, 그림으로 그리고, 직접 바꿔봐야 한다. 아이들은 직접 해보지 않으면 '숫자'로 '암기'할 뿐이다. 이렇게 되면 자릿수가 커지거나 단위를 변환해야 할 때 어려움을 겪고, 결국 곱셈, 나눗셈, 분수, 소수 등 다양한 연산 영역에서 어려움을 느낀다. 아무리 쉬워 보이고 별것 없어 보여도 교육과정에서 오랜 시간 가르치는 데는 이유가 있다. 수학 교육자들이 왜 그토록 오랜 시간 연구하고 개발해서 이것을 교과서에 넣었고, 가르치도록 했는지 알아야 한다.

1학년 때 해야 할 것은 기계처럼 덧셈, 뺄셈 문제를 읽고 빠른 시간에 답을 써내는 것이 아니라 천천히 풀더라도 응용 문제까지 풀어낼 힘을 기르는 것이다. "2 더하기 5는?"이라고 질문했을 때 머릿속에 7이라는 숫자가 떠오르게 하지 말고, 손가락 2개와 5개를 더하는 과정, 바둑돌 2개와 5개를 합치는 과정, 레고 블록 2개와 5개를 끼우는 과정이 머릿속에 그려져야 한다. 그래야 ☆+◇=11을 보면 다양한 경우의 수를 생각하고, 문제를 풀어나갈 힘이 생긴다.

〈예시〉

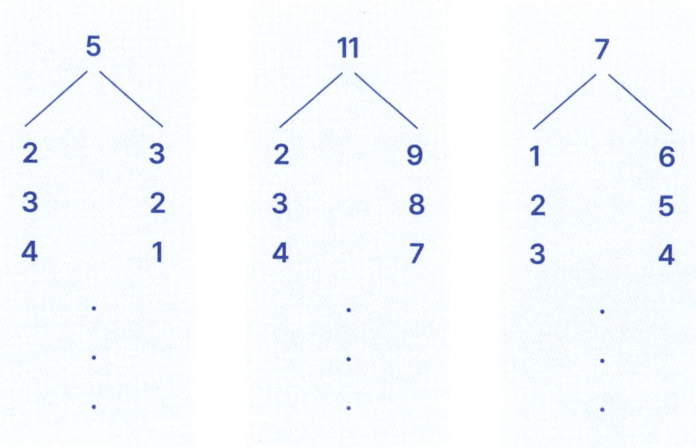

1학년 수학에서는 이후 자릿수가 커지는 연산에 대비해 가르기와 모으기가 나온다. 2+3=5라고 계산하면서도 정작 가르기와 모으기는 못 하는 경우가 많다. 이에 대한 연습이 충분해야 하는 이유는 나중에 23+39를 계산할 때, 23을 20과 3으로 가르고 39는 30과 9로 가른 후 다시 9를 2와 7로 가르기해 3과 더해서 10을 만드는 것을 떠오르게 하기 위함이다.

그럼, 연산 문제집은 언제 풀면 좋을까? 학교 교과서대로 충분히 진도를 따라가고, 내용을 충분히 학습했다면 1학년 1학기 여름방학과 1학년 2학기 겨울방학을 이용해서 풀면 된다.

손으로 만지면서, 그리면서, 블록으로, 수모형으로, 집에 교구가 있다면 충분한 시간을 들여서 공을 들여야 한다. 특히 10개가 모여서 1개의 단위로 변하는 것은 이후 수학에서 매우 중요한 기초 개념이 되므로, 손가락으로 계산하고, 그림으로 그리게 하면서 풀어야 한다.

2학년: 구구단 외우게 하지 말 것

보통 부모님은 구구단을 중요하게 생각하고, 곱셈의 원리도 제대로 모르는 아이에게 구구단부터 외우게 한다. 결론부터 말하면 구구단을 빠르게 외우는 것은 2학년 겨울방학에 해도 된다. 빠르면 2학년 여름방학도 좋다.

1학년 연산에서는 2+3이라고 하면 2개와 3개의 무언가가 더해지는 과정이 머릿속에 그려져야 한다고 했다. 곱셈도 마찬가지다. 7×8에서 숫자 56이 떠오르는 것이 아니라 머릿속에 동그라미 7개를 8번 그리는 그림이 그려져야 한다. 자꾸 그리게 하면 나중에 아이가 7을 4번만 그리고, 그것을 두 배로 더한다. 그러다보면 8×7이 나와도 그림이 같다는 걸 알기 때문에 바로 56이라고 답한다. 이것이 곱셈이다. 구구단은 이 원리를 스스로 깨친 다음, 계산을 편리하게 하려고 외우는 것이다.

사다리꼴, 삼각형의 넓이를 구하는 것도 공식이 아니라 그림으로 그려서 풀 수 있어야만 응용 문제와 심화 문제도 풀어낼 수 있고, 어떻게 풀었는지도 논·서술 평가에서 써낼 수 있다. 모든 것이 곱셈의 원리에서부터 시작되므로 2학년 때 구구단을 외우게 하면 안 된다. 수학은 암기과목이 아니다. 다른 과목은 해당 학년이 되어서 새롭게 외워도 충분히 따라갈 수 있지만 수학은 그렇지 않다. 제 학년에 나오는 새로운 개념의 원리를 제대로 파악하지 않으면 다음 학년에서 따라갈 수 없다. 이전 학년의 내용을 충분히 숙지하고, 그 개념과 원

〈직접 그리면서 원리를 깨닫게 하기 : 응용편〉

○○○○○○○ ○○○○○○○ ○○○○○○○ ○○○○○○○ ○○○○○○○ ○○○○○○○ ○○○○○○○ ○○○○○○○	●●●●●●● ●●●●●●● ●●●●●●● ●●●●●●● ○○○○○○○ ○○○○○○○ ○○○○○○○ ○○○○○○○	●●●●●●● ○○○○○○○ ○○○○○○○ ○○○○○○○ ○○○○○○○ ○○○○○○○ ○○○○○○○ ○○○○○○○	●○○○○○○ ●○○○○○○ ●○○○○○○ ●○○○○○○ ●○○○○○○ ●○○○○○○ ●○○○○○○ ●○○○○○○
7×8=56	7×4=28의 두 배	가로로 묶으면 7×8이 된다	세로로 묶으면 8×7이 된다
그리다 보면 알아서 외운다.	그리다 지쳐 꼼수를 부리면 알게 된다.	두 개의 값이 같다는 것도 알게 된다. 즉, '교환법칙'을 이해하게 된다.	

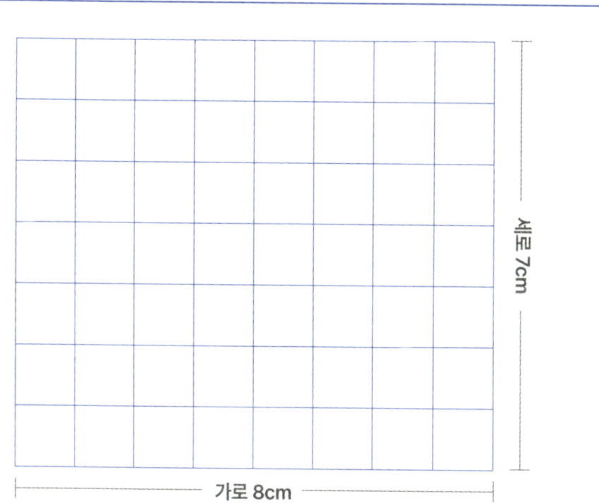

도형의 넓이는 단위 넓이가 몇 개 들어가는지를 계산하는 것이다. 가로 8개 × 세로 7개 =56으로 계산할 수 있다. 도형의 넓이를 '밑변 × 높이'라고 외우지 않고, 곱셈의 원리를 이해하고 계산할 수 있어야만, 복잡한 도형의 넓이도 구할 수 있다.

리를 제대로 파악했다는 전제하에 다음 학년 교육과정이 나오는 것이므로, 외우게 하지 말자. 학교 교과서 진도를 잘 따라가고, 교과서에 나온 원리와 개념을 충분히 학습할 수 있게 하자.

3학년: 분수와 소수, 수포자를 만들지 않을 가장 중요한 학년

3년 선행을 했다, 5년 선행을 했다고 해도 내가 흔들리지 않는 이유는 수학은 차근차근 충분히 원리를 깨치고, 시간을 가지고 생각해야 하는 학문이기 때문이다. 현재 큰아이는 한국 학년으로 초등 4학년 2학기인데 3학년 2학기 심화 문제집을 풀고 있다. 가장 신경 써야 하는 학년이 3학년이기 때문이다. 4학년에 수학을 놓게 만들지 않으려면 3학년 과정까지 천천히 와야 하며, 1~3학년 과정을 가장 단단하게 다져야 한다.

연산의 원리와 곱셈의 원리를 충분히 숙지하고 깨쳤다면 3학년에는 분수와 소수의 개념을 배울 차례다. 아이들이 분수와 소수를 만나는 순간, 지금까지 배웠던 수의 규칙이 모두 깨지는 느낌을 받는다. 0과 1 사이의 숫자, 눈으로 그려지는 정수의 개념에서 전체를 알고, 나누어야 하는 분수는 언뜻 보면 쉽게 느껴지지만, 이 또한 눈으로 보고 그리고 만지지 않으면 안 된다.

3학년 2학기가 되면 들이와 무게 단위 변환까지 등장하는데, 1학년 때 배운 가르기와 모으기, 10개 단위 변환, 0보다 크고 1보다 작은 수(분수/소수) 이 세 가지가 합쳐진 개념이라 개념부터 제대로 배웠다면 어려움이 없다. 이때 원리를 제대로 알려주지 않고 연산 문제집으로 단련된 아이라면 헤맬 수밖에 없다. 이 안에 숨겨진 다양한 수학 원리를 하나도 모르기 때문이다. 3학년 수학을 어려워한다면 빨리 1, 2학년 수학을 개념부터 다시 훑고 와야 한다. 모르는 채로 다음 학년으로 올라가면 걷잡을 수 없다. 다른 아이들보다 늦더라도, 작은 불부터 끄고 가자.

분수와 소수는 아이가 알고 있던 수 개념과는 전혀 다른 개념이므로, 직접 그려보지 않으면 이해하기 어렵다. 만약 단위 변환이 어렵다면 자를 들고, 계량컵을 들고, 손으로 직접 담아보고, 변환해 보면서 문제를 풀게 해야 한다. 아이가 한 문제를 충분히 시간을 들여 제대로 이해하고 풀도록 기다려줘야 한다.

늘 강조하지만, 학교 진도에 맞춰 공부하고 집에 오면 문제집으로 복습한다. 기본 문제집 한 권으로 학교에서 배운 내용을 복습하고, 응용 문제집으로 좀 더 심화한 개념을 이해하게 한다. 이때는 속도가 아니라 깊이다. 천천히 풀게 하고, 모두 그림으로 그려서 이해한 다음, 여름방학이나 겨울방학 때 심화 문제집을 풀면서 부족한 부분을 보충한다. 속도는 그때 내도 늦지 않다. 나처럼 이전 학년의 심화 문제집을 풀게 하는 것도 좋다. 이전 학년의 개념을 깊이 있게 복습하면 해당 학년의 수학 문제를 풀 때 도움이 된다.

〈단위 변환〉

1/10은 10개로 나눈 것 중의 하나다.
1이 10배가 되면 1 뒤에 0, 즉 10이 되고,
반대로 1이 10개로 나눈 것 중의 하나가 되면
앞에 0을 붙여 01, 즉 0.1이 된다고 이해시켜 주자.

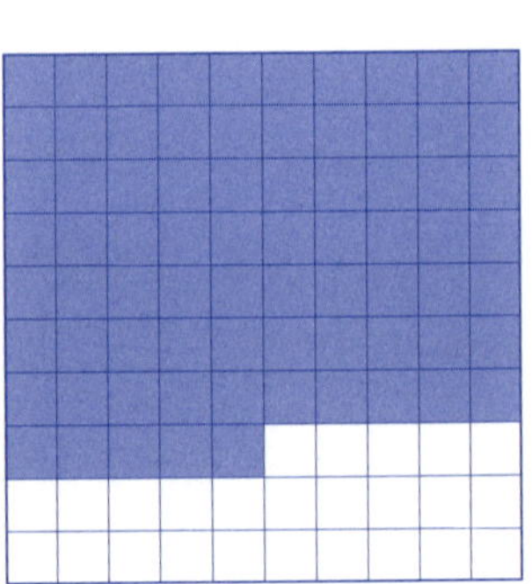

1/100은 100개로 나눈 것 중의 하나다.
1을 100개로 나눈 수, 즉 1보다 작은 수이므로,
001이 되어 0.01이 된다고 알려주면 쉽게 이해할 수 있다.
100개로 나눈 것 중에 75개,
75/100 또는 0.75를 그림으로 직접 그려서 이해하게 하자.

4학년: 수 감각의 분기점

☆추천하는 교구: 레고, 연결 큐브, 수모형 교구, 우표 놀이

선행학습보다도 각 학년의 심화 복습, 그리고 책 읽기를 통해 문해력을 쌓은 아이들은 4학년 때 빛을 본다. 저학년 때는 크게 두각을 나타내지 않았던 것 같은데, 혜성처럼 등장하는 아이들이 있다. 저학년 때는 공부를 잘하지 못했는데 영재반에 합격했다는 소식이 들리기도 한다. 저학년에 잘한다고 했지만, 기초공사가 부실했던 아이들은 이 시기에 무너진다. 불안한 마음에 사교육을 더 많이 시키면, 아이들은 스트레스와 싸워야 하고 좌절감도 느낀다. 사춘기까지 겹치면 공부를 포기하는 것은 물론 부모와의 관계마저 무너진다.

4~6학년 수학은 1~3학년 수학 개념을 섞어놓은 단원이다. 섣불리 선행학습으로 문제집만 많이 풀리지 않았고, 학교 교과서를 잘 따라가며 심화 복습을 깊이 있게 했다면 충분히 잘 해낼 수 있다. "우리 아이는 3학년까지 문제집도 잘 풀고, 성적도 곧 잘 나왔는데 왜 4학년부터 안 될까요?"라고 질문할 수도 있다. 그건 원리를 스스로 파악해 보고 생각해 보고 정리할 시간을 주지 않았기 때문이다. 초등 수학은 속도전이 아니다.

4학년 1학기는 1단원부터 막막해하는 아이들이 생긴다. 큰 수가 등장하기 때문이다. 1개가 모여 10개가 되고, 10단위 1개가 10개 모여 100개가 되고, 100단위 1개가 10개 모여 1000개가 된다는 개념이 1학년 때 머릿속에 있었다면 충분히 해낼 수 있다.

사실 1, 10, 100, 1000은 직관적으로도 알 수 있고, 연산 문제를 많이 풀어 암기로도 가능하므로 어려워하지 않는다. 억, 조 단위 숫자가 나오고, 이것이 몇 배인지, 앞의 수는 무엇인지 찾아내려면 암기로는 불가능해서 1단원부터 어렵게 느낀다. 큰 수를 막막해한다면, 1학년 1학기의 개념부터 다시 차근차근 훑어오자.

분수의 덧셈과 뺄셈, 소수의 덧셈과 뺄셈도 중요한 단원이다. "분모는 그대로 쓰고 분자끼리 더한다. 분자끼리 뺀다." 같은 계산 방법만 가르쳐서는 안 된다. 이 또한 그려야 한다. "대분수가 나오면 가분수로 바꾸고, 분모는 그대로 두고"가 아니라 그려서 직접 알게 하자. 그런 과정은 한참을 그리고, 그리다가 지겨워지면 스스로 찾게 해야

〈예시〉

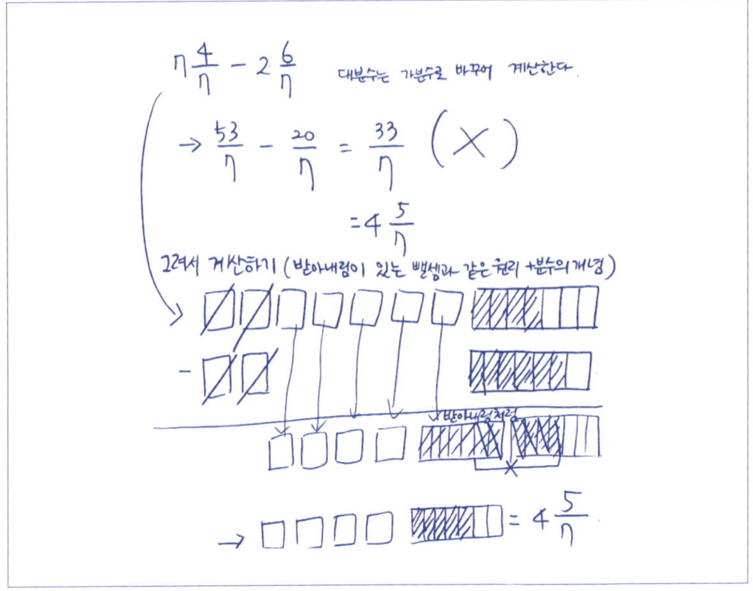

하는 것이다.

4학년부터는 아이들이 추상적 사고를 할 수 있다. 4학년 때 큰 수가 나오는 것은 수모형이 없어도(숫자를 눈으로 보여주지 않아도) 그동안 배웠던 수모형에 다른 단위를 적용해서 더 큰 숫자를 머릿속으로 생각해 낼 수 있는 시기이기 때문이다. 그러니 1학년부터 3학년까지 3년 동안 시간이 충분할 때 그림으로 그리고, 손으로 만들고, 조작하고, 눈으로 보면서 수학을 열심히, 그리고 천천히 풀어야 한다.

어떻게 알려줘야 하나 싶은데, 교과서에 다 있다. 선생님들은 나라가 정한 교육과정이 구현된 교과서를 어떻게 하면 가장 잘 이해시킬지 연구하는 사람이므로, 부모가 해주려고 하지 말고 선생님께 맡기자. 부모가 할 일은 학교에서 선생님이 가르쳐주시는 내용을 하나도 빠짐없이 열심히 듣고 오도록 가르치는 것이다.

5~6학년: 중학교 수학의 기초를 배우는 시기

지금까지 배웠던 모든 수학 개념을 활용해 다양한 추상적인 개념을 이해하는 시기다. 개념 간 연결이 본격적으로 요구되며, 4학년까지의 기초가 없으면 문제를 풀기 어려워진다.

5~6학년에 배우는 중요 단원으로는 약수와 배수, 약분과 통분, 분수의 덧셈과 뺄셈, 분수와 소수의 곱셈과 나눗셈, 비례식, 겉넓이와 부피, 대응 관계 등이 있다. 사실 중요하지 않은 단원은 없고, 쉬운 단

원도 없다. 분명한 것은 4학년까지의 수학을 '암기'가 아니라 '원리 이해'를 바탕으로 쌓아 왔다면, 충분히 풀어낼 수 있다는 점이다.

이 시기는 그동안 배운 개념을 처음으로 본격적으로 '응용'하는 단계다. 개념을 어떻게 연결하고, 문제 상황에 적용하는지가 관건이 된다. 수학을 좋아하는 아이들이 이 시기에 "수학이 가장 재미있다."고 느끼는 이유도 여기에 있다.

따라서 5~6학년에는 단원마다 교과서 → 기본 문제 → 응용 문제 → 심화 문제의 흐름을 따라가며, 이해가 흔들리는 지점이 없는지 점검해 가는 학습이 필요하다. 이 과정을 성실히 거치면 이후 중학교 수학으로 넘어가는 부담도 크게 줄어든다.

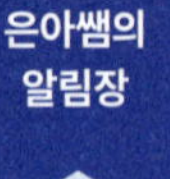

현재 수학 때문에 고민하고 있다면

아이가 초등 3학년 이전이라면, 선행 속도에 마음 쓰지 말고, 현행 진도를 교과서에 나온 대로 천천히 배울 수 있게 하자. 무조건 진도만 나가면 안 된다. 단단하게 짚고 가고 싶다면 1학년 1학기 얇은 심화 문제집부터 시작해도 좋다. 그렇게 돌아가도 오히려 더 빠르게 갈 수 있다.

초등 4학년 이상이라면 겨울방학을 이용해 3학년 1학기, 3학년 2학기 심화 문제집을 풀어보자. 방학이든 학기 중이든, 현행 교과 진도에 맞춰 문제집을 풀면서 각 단원과 연결된 이전 학년의 교과서나 문제집을 한 번 훑어보는 것이 도움

이 된다. 이전 학년의 심화 문제집을 함께 풀어도 좋고, 무료 사이트를 이용해도 좋다.

문제집도 풀고, 사이트도 이용해 보며 안 되는 영역이 확인되면 그 부분만 사교육의 도움을 받자. 무조건 수학학원에 보내거나 과외를 시작하기보다 "이 영역이 부족하니 1학년부터 다시 차근차근 짚어달라."고 구체적으로 요청하면 된다.

✣ 참고하면 좋은 사이트

- 똑똑 수학 탐험대 www.toctocmath.kr
- EBS 초등 수해력 진단 primary.ebs.co.kr/course/numeracy
- 짜잔수학 aig.edunet.net

시작 노트

우리 아이 수학 점수 높이는 세 가지 비법

1) 채점 방식 바꾸기

작년, 아이의 프랑스 담임 선생님께서는 과목마다 시험을 자주 내셨는데, 모든 항목을 따로 채점해 주시는 것이 인상적이었다. 한 문제에 3점일 경우, 개념은 알고 있는데 계산 실수로 틀리면 선생님 재량에 따라 1점 혹은 2점을 받을 수 있었다. 나도 대학교 어학원에 다닐 때, 항목별로 채점하고 어떤 영역에서 무엇이 부족한지를 파악해서 적어주셨다. 이러한 채점 방식이 프랑스어 실력을 키우는 데 도움이 되었다.

항목별로 채점을 해주시니 개념 자체를 모르는 것인지, 실수가 잦았던 것인지, 식을 잘못 세워 틀린 것인지를 파악할 수 있어 아이에게 정확한 도움을 줄 수 있었다. 문제집의 단원평가 부분을 채점한다고 가정하면, 우리는 전체적으로 채점한 이후에 80점, 85점, 점수를 내고 이번 단원의 수학 점수는 85점이라고 한다. 이는 수학 실력을 높이는 데 전혀 도움되지 않는다. 지금 당장의 수학 점수가 중요한 것이 아니라 어느 부분이 약하고 어떤 부분이 강점인지를 알아내는 과정이 훨씬 중요하기 때문이다.

이는 메타인지를 키워준다는 점에서도 좋은 채점 방식이다. 그저 아이에게 "1단원 평가는 85점이다."가 아니다. "연산의 기초가 부족하니 교과서의 기초 개념을 한 번 더 훑어보자." "다 잘했는데 연산 실수가 잦았어. 연산 실수를 줄이기 위해서 노력해 보자." "식 세우기가 어려운 것 같으니 식 세우는 연습을 좀 더 해봐야겠다." "숫자를 잘 못 써서 틀리는 경우가 있으니 한 번 더 꼼꼼하게 확인해 봐." 이렇게 설명하면 아이가 수학에서 어떤 부분을 고쳐야 하는지를 명확히 알 수 있다.

2) EBS 활용하기

아이에게 부족한 부분을 알았지만, 어떻게 도움을 줄 수 있을지 고민일 것이다. EBS를 활용해 보자. EBS 인공 지능 플랫폼 단추DANCHOO는 빅데이터 AI 기술로 개인별 맞춤형 학습 콘텐츠를 제공하는 서비스다. 진단평가로 아이의 수학 실력을 평가하고, AI가 취약한 부분을 파악해 수준에 맞는 수학 문제와 강의를 추천해 준다.

아이가 많이 틀리는 유형의 문제를 단추에서 찾을 수도 있고 필요한 교과 단원과 문항을 선택하면 아이 맞춤 보충 시험지를 만들 수도 있다. 단원평가를 채점해 준 뒤에 아이에게 부족한 부분이 무엇인지 파악하고 EBS 보충 문제로 보완해 주면 된다. 바쁜 부모라면 단원평가 채점 후에 사교육의 도움을 받아도 좋다. 학교 교육과 엄마표 교육, 그리고 사교육의 적절한 균형을 맞추자.

3) 연산보다 풀이 과정 문제를 더 중요하게

아이들이 가장 어려워하는 것이 문장제를 읽고 푼 뒤에 풀이 과정을 쓰는 것이다. 문제의 원리를 알아도 그것을 글로 정리해서 써내는 과정이 아이에게는 생각보다 쉽지 않다. 어른도 쉽지는 않을 것이다. 휴대전화 녹음 기능을 켜놓고 어떻게 풀었는지 말로 설명해 보게 하거나, 선생님이 되었다고 생각하고 화이트보드에 판서하며 가족에게 가르쳐본다. 그 과정을 글로 기록하되, 간략하게 정리해서 줄이면 좋은 풀이 과정이 된다.

초등 1학년에 처음으로 풀이 과정을 접하면 말도 안 되는 글짓기로 풀이 과정을 써내는데 일단은 그냥 둔다. "사탕이 세 개가 있었는데, 그거를 내가 가지고 있다가 친구한테 한 개 줬는데, 그러면 세 개가 있었는데 한 개를 줬으니까 빼서." 대서사시가 펼쳐지더라도 일단은 쓰게 두자. 쓰기가 힘들어지면 알아서 분량을 줄이고, 요약하고,

필요한 말만 쓰는 글쓰기의 기술을 배운다.

한 번에 완벽하게 만들려고 하지 말자. 풀이 과정을 완벽하게 써내야 하는 때는 중고등학교에 가서다. 초등학교 때는 어떻게 내 생각을 풀이 과정에 담아내는지를 연습하는 시기다. 6년이나 연습할 시기가 있으니 처음부터 완벽한 풀이 과정을 써냈으면 하는 마음을 내려놓고 천천히 가자.

7장

논술, 생각하는 힘 기르는 법

논술 평가, 어떻게 대비할까?

생각을 말로 표현하는 연습

"서윤이가 수업 시간에 말을 안 하네요. 말하지 않으니 무엇을 알고 모르는지 알 수가 없어 제대로 평가할 수가 없어요."

프랑스에 와서 아이들이 가장 힘들어했던 것은 수업 시간에 번쩍번쩍 손을 들고 자신의 의견을 말하고 글로 표현하는 것이었다. 한국에서는 조용하고 성실하며 수업 태도가 매우 좋다는 평가를 받았던 아이는 이곳에서 선생님께 수업 태도를 지적받는 학생이 되어버렸다. 한국에서는 바르게 앉아 선생님이 말씀하실 때는 조용히 잘 듣고, 선생님이 질문하실 때만 또박또박 대답하는 것이 바른 수업 태도였다면, 이곳에서는 그래선 안 되었다.

아는 것은 많으나 말과 글로 표현하지 못하니, 집에서 표현하는 연습을 많이 해야 한다고 일러주셨다. 이것이 되지 않으면 고학년 때 어려움을 겪기 때문인데, 바로 논·서술형 평가 때문이다. 한국도 이제 다르지 않을 것이다. 고교학점제와 대입전형 변화로 가장 신경 써서 준비해야 할 요소이기도 하다.

프랑스 초등학교에서는 왜 말하기를 중요하게 가르칠까? 고학년이 되어 논리적인 글쓰기를 하려면 먼저 자기 생각을 말로 표현하는 연습이 선행되어야 하기 때문이다. 실제로 같은 학교 중학생의 평가과제가 A4용지 일곱 장 분량의 글을 써내는 것이라고 했다. 프랑스 학교 교과목 대부분 서술형 평가와 논술형 평가로 이루어진다. 글자를 쓰는 것이 서툰 저학년 아이들에게 말로 표현하는 연습을 시키는 이유다.

틀린 대답이라도 상관없다. 아이들은 자기 생각은 물론이고, "친구랑 이야기하느라 못 들었으니 다시 한번 설명해 주세요." 같은 의견도 스스럼없이 이야기한다고 했다. 내가 교사로서 실수한 부분이 있다면 바로 이 부분이다. 아이들이 엉뚱한 대답을 하면 수업을 잘 듣지 않았다고 생각했다. 적극적으로 자신의 의견을 말하고 수업에 참여하는 모습으로 바라보지 못했다. 교과서 문제에도 예시 답안 같은 정답을 말하고 쓰면 크게 칭찬했는데, 이는 집에서도 마찬가지였다. 아이들이 이곳에 와서 어려움을 겪은 이유도 바로 이것 때문이다. "엄마가 지금까지 설명했는데 뭐 들었어." 내가 아이의 입을 막은 셈이다.

맞고 틀리는 것보다 중요한 것

외국 아이들은 질문하면 내 눈을 맞추고 또박또박 대답하곤 했는데, 그 모습이 당당하면서도 예뻐 보였다. 우리 아이들은 어른이 질문하면 주눅 들어 대답을 잘 못했는데 "어디 어른이 말하는데 끼어들어!" 같은 훈육을 들으며 자랐기 때문은 아닐지 생각했다.

한국도 논·서술형 평가의 비중이 늘어난다. 2022년 개정 교육과정을 살펴보면 초등학교 1, 2학년 국어 수업 시간이 34시간이나 늘어났다. 평가제도 달라졌는데, 수업 중간에 평가하는 수행평가가 확대되고 논·서술 평가 비중도 늘어났다. 모든 과목에서 아이들이 자신의 언어로, 직접 표현해 내야 하는 쓰기가 강조되고 있다. 고교학점제에서도 글쓰기는 중요한 역량이다. 수능에서도 논·서술형 문항을 추가해야 한다는 논의도 들려오고 있으며, 최근 도입되고 있는 IB 교육과정에서도 말하기와 쓰기가 가장 중요한 역량이다.

학교에서 아이들이 어려워하는 것 중 하나가 쓰기다. 수학에서 풀이 과정을 쓰라고 하면 뭘 써야 하는지 되묻는데, 어떻게 풀었는지 그대로 쓰면 된다고 일러주면 "연필로 적어서 풀었다." "머리로 생각해서 풀었다." 같은 대답을 써내곤 한다. 문장제를 읽고 이해하고 답은 적어도 풀이 과정을 써내지 못하는 아이가 대부분이다. 솔직히 말하면 풀이 과정을 단번에 써오는 아이는 보지 못했다. 정답 맞히는 훈련은 되어 있었지만, 생각의 과정을 떠올려 말로 표현하는 방법은 배운 적이 없기 때문이다.

아이들은 자신의 의견을 써보라는 질문에도 정답을 생각하느라 쓰기를 머뭇거린다. 틀릴까 봐 써내지를 못한다. 어릴 때부터 학습지, 문제집을 풀면서 맞고 틀리는 데 익숙해졌기 때문이다. 늘 동그라미만 말하려고 하다 보니 자기 생각을 꺼내지 못하고 정답에 꿰맞추려고 한다. 이렇게 훈련된 아이들이 자기 생각을 써낼 수 있을까.

부모가 아이들의 쓰는 손과 말하는 입을 막는 큰 실수 중 하나는 '예쁘게' 쓰기를 바라는 마음이다. 간판도 없는 허름한 가게지만 음식 맛이 정말 좋은 식당이 있다. 세련되고 멋진 인테리어의 식당이지만 음식 맛이 별로인 곳이 있다. 겉만 보고 음식 맛을 판단해서는 안 된다. 아이들의 글도 직접 먹어보고 맛을 보고 내용을 봐줘야 한다. 보통 글쓰기를 글씨 쓰기로 생각하는 경우가 많아, 아이가 쓴 내용을 보지도 않고 일단 글씨체와 맞춤법부터 지적한다. 아이가 글자를 몰라도, 맞춤법을 틀려도, 글씨를 예쁘게 쓰지 않아도 괜찮다. 초등 때는 예쁘게 잘 쓴 글보다 내용을 풍부하게 만드는 데 집중해야 한다. 글씨체가 엉망이라 읽지 못하면 아이에게 소리 내어 읽어달라고 하면 된다. 물어보고 들어주자. 아이의 생각을 잘 들어주면서 자꾸 표현하게 해야 한다. 글씨체와 맞춤법을 지적하면 아이들은 그 지적을 '자기 생각'이 틀렸다고 받아들인다. 아이의 글이 풍성해지도록 내용과 아이디어를 먼저 봐주고 칭찬해 주자.

자신만의 이야기를 담은 글쓰기는 인공 지능 시대에 갖추어야 할 경쟁력이다. 쓰기 시험이 거스를 수 없는 흐름인 것은 이 때문이다. 인공 지능이 방대한 지식과 언어로 새로운 정보를 빠르게 만들어낼 시대에 우리가 갖춰야 할 경쟁력은 나만의 맥락과 이야기를 담아 사람만이 쓸 수 있는 글을 쓰는 능력이다. 같은 주제라도 어떤 경험과 감정을 실어내는지에 따라 글은 다른 힘을 가진다. 쓰기 시험이 강조되는 이유도 각자의 생각과 경험을 언어로 조직하는 힘을 길러주기 위함일 것이다. 정보 습득은 기계가 대신해 줄 수 있지만 이야기를 통해 마음을 울리는 일은 사람만이 할 수 있다.

학원보다 일기 쓰기

논술형 수행평가를 본다고 했더니 아이들이 집에서 준비해 온 모양이다. 그런데 같은 학원에 다니는 아이들의 답이 토씨 하나 틀리지 않아서 웃음이 났던 기억이 있다. 틀린 답은 아니니 모두 정답이었다. 학원에서 좋은 글쓰기의 기술을 배웠더라도, 여기에 내 경험을 한 문장 더하면 완전히 다른 글이 되며, 그것이 '내 글'이라고 알려주었다. 한 번 더 수정할 수 있게 했는데 그제야 각자의 생각이 담긴 글을 적어내 흐뭇했다.

초등학교 4학년에는 혼합물의 분리라는 단원이 나온다. 물과 기름이 섞이지 않는 성질을 이용한 실험 과정과 결과를 주고 무엇을 알 수 있는지 쓰는 것이 문제였다. "물과 기름은 섞이지 않는 성질을 가지고 있습니다."와 관련된 자기 경험을 한 줄 더하게 했다. 한 아이는 "캠핑장에 가서 고기를 구워 먹은 뒤, 설거지하려고 물을 부었는데 기름이 둥둥 떴습니다."라고 적어냈다. 한 아이는 "미술학원에서 유화물감을 물에 떨어뜨려서 그림을 그렸습니다."라고 적었다. 이런 한 줄의 경험이 글을 더 풍부하게 만든다.

현란한 문장이 없어도, 글자가 틀려도, 글씨체가 엉망이어도 좋다. 자기 경험과 생각을 담아내는 글을 쓸 수 있어야 한다. 서술형 수행평가는 글쓰기 기술을 보는 것이 아니라 수업 내용을 잘 이해했는지, 자기 경험과 연결해 생각을 표현할 수 있는지를 보는 것이므로, 초등 시기에는 다양한 경험을 해보는 것도 중요하다. 수행평가, 자기소개서, 대입 면접 등을 위해서 말이다.

초등학교 교실에서는 아이들이 자기 이야기를 말하느라 늘 바쁘다. 누군가 어제 다친 이야기를 말하면 3년 전에 다친 이야기, 아빠가 다친 이야기, 할머니가 넘어지신 이야기부터 모르는 사람 이야기까지 이어진다. 아이들이 말하는 모든 것이 글의 소재다. 글로 옮기기만 하면 되기 때문이다. 학교에서 배운 내용과 잘 연결 짓기만 하면 좋은 글쓰기가 완성된다. 초등 시기에는 글쓰기의 재료를 풍부하게 만드는 것이 중요하다. 정돈된 글쓰기를 가르치기보다는 다양한 글로 표현하며 글쓰기에 대한 두려움을 없애야 한다. 생각을 풍부하게 적어낼 수 있게 하면 된다. 이에 가장 좋은 것이 바로 일기 쓰기다.

문제는 일기 쓰기를 좋아하는 아이는 별로 없다는 것이다. 아이의 일상이 늘 똑같으므로 기록해 둘 것이 없기 때문이다. 일기 쓰기 숙제를 내어주면 아이들은 말한다.

"쓸 게 없어요. 학교 갔다가 학원 갔다가 집에서 밥 먹고 잤어요."

일상이 영감이 되도록

그렇다면 매번 특별한 여행지를 가거나 특별한 이벤트를 만들어 줘야 할까? 그렇지 않다. 우리의 일상을 가만히 들여다보면 매일 다르고 매일이 특별하다. 그것을 알아보는 아이로 키우면 된다. 아이랑 이야기를 나눠보자. 오늘 급식 메뉴는 어제와 무엇이 달랐는지, 가장 맛있는 메뉴는 무엇이었는지. 오늘 발표를 잘한 친구는 누구였는지, 오늘 수업 중 기억에 남는 과목은 무엇이었는지, 미술 시간에 그림 그리는 과정은 어떠했는지, 체육 시간 준비운동을 가장 열심히 한 친구는 누구였는지, 학교 가는 길에 날씨와 바람은 어떠했고, 오늘 집에 오는 마음은 어땠는지 말해보는 것이다.

엄마는 오늘 점심으로 무엇을 먹었고, 오늘 어떤 이모를 만났는데 이모가 한 이야기 중에 이런 문장이 마음에 와닿았다거나 오늘은 날씨가 추워서 따뜻한 아메리카노가 생각났다는 이야기도 나누자. 아빠는 오늘 회사에서 누구누구와 점심을 먹었으며, 어떤 일을 처리하는데 잘 안 되어 마음이 힘들었고, 팀장님으로부터 이런 칭찬을 받았는데 뿌듯했다는 이야기도 나누며 아이들에게 일기 거리를 주자.

오늘 엄마는 서영이 이모를 만났다고 했다. 서영이 이모는 내 친구 준수 엄마다. 엄마는 서영이 이모가 만들어준 무생채를 먹고 눈물이 났다고

했다. 외할머니가 만들어준 맛과 똑같았기 때문이다. 엄마는 외할머니가 보고 싶을 때마다 이모의 무생채를 먹고 싶다고 말했다. 내가 무생채를 만들어줄 수 있으면 좋겠다.

일기를 다 썼다면 늘 정성껏 피드백을 해준다. 아이들의 일기장은 소셜미디어다. 자물쇠로 잠긴 비밀 일기장을 제외한 이런 일기장은 읽어보고 '좋아요'도 누르고 댓글도 달아줘야 한다. 초등학교 때, 아침에 일기장을 내면 알림장을 다 쓴 직후에 돌려받을 수 있었는데, 담임 선생님의 감상이 읽고 싶어 하루가 길었던 기억이 난다. 우리네 담임 선생님처럼 감상 한 줄을 남겨주는 것도 좋겠다.

아이들에게 일기를 쓰자고 하면 "어차피 나중에 읽지도 않을 건데, 뭐 하러 써요."라고 한다. 일기의 효용을 알려주자. 어렸을 때, 엄마는 늘 내게 외할머니 제사 날짜를 묻곤 했다. 작년 일기장을 뒤적여 작년에는 몇 월 며칠이었다 하고 알려준다. 일기장에 꼭 음력 날짜도 써달라고 했던 엄마의 부탁으로 나는 해마다 엄마에게 외할머니의 제삿날을 알려주기 위해 일기 쓰기의 책임을 다했다. 아이가 쓴 일기가 가족의 소중한 추억을 기억하고 보관하는 데 유용하게 쓰인다는 것을 깨닫는다면, 시키지 않아도 열심히 일기를 쓸 것이다.

여행지에서는 가족이 다 함께 여행 일기를 써보는 것도 좋다. 나는 휴대용 포토프린터를 구입해 그날 가장 기억에 남았던 것을 사진으로 뽑아주고 일기를 함께 쓴다. 요즘에는 사진을 뽑아 앱으로 재생하면 저장해 둔 동영상이 재생되는 기능도 있으니 다양한 소품을 활용해 아이들이 일기를 더 재밌게 쓸 수 있게 도와주자. 폴라로이드 카메라를 하나 사서 아이에게 주고 기억에 남는 순간을 사진으로 찍어 일기를 쓰게 해도 좋다.

글쓰기 싫어하는 아이를 위한 글쓰기

아무리 노력해도 글쓰기를 싫어하는 아이가 있다. 우리가 글을 쓴다, 일기를 쓴다고 하면 감상과 느낌을 담아내기를 바라기 때문이다. 그런데 아이마다 성향이 달라서 이런 글쓰기를 싫어하는 아이도 있음을 기억해야 한다.

1) 이성 vs 감성, 아이 성향에 맞추기

미술 시간에 그림을 보여주고 "이 그림 어때?" 하고 물으면 "노을이 지는 것 같아요."라고 말하는 아이가 있고 "어, 하늘 그림?" 하고 답하는 아이가 있다. 감정을 잘 느끼고, 표현을 잘하는 아이가 있는가 하면 이성적인 사고를 잘하는 아이도 있는데, 이런 아이에게 오늘은 어땠냐, 기분이 어떠냐고 자꾸 물어보면 대답하기가 어렵다. 자신의 느낌이나 감상을 정리하는 걸 어려워하는 아이에게는 다음과 같은 글쓰기 주제를 내어주는 것이 좋다.

"좋아하는 게임 세 가지를 말하고, 그중 한 가지를 정해서 게임하는 방법을 알려줘."

"게임에서 가장 사고 싶은 무기 다섯 가지를 말하고, 각각의 기능에 대해 말해줘."

"포켓몬 캐릭터 중 가장 마음에 드는 캐릭터 열 개를 말하고, 특징을 정리해 줘."

2) 생각을 글자로 쓰게 돕자

글에 대한 고정관념을 깨면 글쓰기 연습을 할 수 있는 활동이 무궁무진하다. 일단 생각을 글자로 쓰는 데 익숙해져야 한다. 글쓰기를 싫어하는 아이들을 위한 첫 번째 목표는 필기도구와 친해지는 것이다. 놀이처럼 즐겁게 할 수 있는 다양한 쓰기 활동을 소개한다.

- **레시피북 만들기**

  아이와 함께 요리하고 과정을 사진으로 찍어 프린트한 뒤, 정리해서 요리책을 만들어보자. 방과 후 요리 교실을 다니는 아이라면, 만든 음식을 사진으로 찍고 요리 과정을 되새기며 정리하는 글쓰기를 해도 좋다.

- **가족 펜팔**

재활용 상자로 우체통을 만들어 집에 걸어두고 서로 편지를 써보자. 여행지에서 산 엽서를 기념품으로만 가지고 있지 말고 서로에게 편지를 쓰자. 우체국을 찾아서 집으로 편지를 보내고 여행에서 돌아와 함께 읽어보는 것도 좋은 추억이자 글쓰기가 된다. 사춘기 아이들에게도 보내보자. 답장은 오지 않겠지만 편지를 써서 아이에게 마음을 표현해 보는 것도 좋겠다. 언젠가는 답장이 오리니!

- **낙서 수첩 만들기**

글쓰기와 친해지려면 먼저 종이와 펜에 익숙해져야 한다. 좋아하는 아이돌 노래의 가사를 적어보기도 하고, 수첩에 빙고 게임, 오목 두기, 초성 퀴즈 등 게임을 하면서 종이와 펜에 친숙하게 만들어주는 것도 좋다.

- **시간제한 두기**

정말 온갖 것을 다 해도 쓰기 싫어하는 아이가 분명히 있다. 그렇지만 수행평가가 논·서술형 평가로 이루어지므로 어쨌거나 쓰게 해야 한다. 그럴 때는 시간제한을 두자. 딱 한 문장만 써도 괜찮다. 3분만 쓰기, 5분만 쓰기처럼 시간제한을 두고 글쓰기에 대한 부담을 줄여주자. 이런 아이에게는 줄글보다는 리스트 형태로 작성해 보게 하는 것도 좋다. 일과를 타임라인에 기록하기, 먹고 싶은 음식 열 가지만 써보기 등 간단한 주제를 준다.

3) 초등학생 글쓰기 주제

아이와 매일 글쓰기에 도전하고 싶은 부모님을 위해 글쓰기 주제를 추천한다. 글쓰기가 익숙하지 않은 초등 저학년이라면 글 대신 말로 대답하는 연습을 해도 좋다.

글쓰기를 싫어하는 아이를 위한 "나만의 TOP10"

- 가장 좋아하는 여름 활동 열 가지
- 나를 가장 잘 설명하는 단어 열 가지
- 이번 학년의 목표 열 가지
- 내가 가장 좋아하는 음식 열 가지
- 내게 가장 중요한 사람 열 명
- 가장 좋아하는 야외 활동 열 가지
- 주말에 하고 싶은 열 가지
- 닮고 싶은 사람 열 명
- 가장 소중한 물건 열 가지
- 학교에서 내가 가장 좋아하는 일 열 가지

상상력이 풍부한 아이를 위한 "~라면 어떨까?"

- 내가 만들고 싶은 로봇에 대해 써보세요.
- 나무가 되었다고 생각하고 하루 일기를 써보세요.
- 자고 일어났더니 갑자기 할아버지가 되었다면?

- 배 위에서 산다면 어떤 하루가 펼쳐질까요?
- 내가 선생님이 되었다고 생각하고 하루 일기를 써볼까요?
- 내가 커서 부모님이 되면 아이에게 어떤 선물을 사줄 건가요?
- 숙제가 무엇인지 모르는 친구에게 숙제에 관해서 설명해 준다면?
- 과일과 고기 중 평생 한 가지만 먹어야 한다면 무엇을 먹을 건가요?
- 내 방에 있는 장난감은 나를 보고 무슨 생각을 할까요?
- "집에 가는데 갑자기 키가 땅콩만큼 작아졌다."로 시작하는 이야기를 써보세요.

글쓰기에 자신 있는 아이를 위한 "논리적으로 생각 쓰기"

- 건강한 삶을 사는 세 가지 방법
- 독서와 수학 중에 어느 것이 더 중요할까요?
- 아침 식사와 저녁 식사 중에 어떤 식사를 더 잘해야 할까요?
- 학교 규칙에 대한 내 생각을 적어보세요.
- 최고의 스포츠는 어떤 스포츠일까요?
- 밖에서 놀기와 안에서 놀기 중 하나만 골라야 한다면 그 이유는?
- 1월부터 12월 중에 가장 좋아하는 달은?
- 학교 급식이 어떻게 나오면 좋을까요?
- 햄버거와 콜라에 대한 내 생각을 적어보세요.
- 밖에서 놀기에 가장 좋은 계절은 언제인가요?

감성적인 아이를 위한 "나를 돌아보는 글쓰기"

- 가장 기억에 남는 주말의 하루를 적어보세요.
- 웃음을 멈출 수 없었던 날이 있나요?
- 가장 좋아하는 식당에서 외식한 날을 적어보세요.
- 가장 창피했던 경험은 무엇인가요?
- 집이 아닌 곳에서 잠을 잔 적이 있나요?
- 나를 가장 힘들게 했던 숙제는 무엇인가요?
- 엄마와 있었던 순간 중에 가장 행복했던 순간은 언제인가요?
- 새롭게 배운 운동에 대해 적어주세요.
- 가장 신나는 놀이기구는 무엇이었나요.
- 유치원 때 가장 기억에 남는 선생님은 누구인가요?

8
장

사회와 과학,
경험이 배움이다

저학년, 신문 제대로 써먹기

변화하는 입시, 달라지는 준비

포켓몬 빵을 사려고 새벽 편의점 오픈런을 했다면, 이제 초등 학부모가 되었으니 '사탐런'이라는 단어도 알아두자. 수능 시험에서 '사회탐구 영역으로 달려간다'라는 뜻의 신조어다. 이전까지는 문과는 사탐, 이과는 과탐으로 정해져 있었지만 지금은 그렇지 않다. 정부가 이과생의 문과 침공을 막기 위해서 칸막이를 허물었다. 문과 침공이란, 이과생이 높은 표준점수를 가지고 인문 계열에 진학하는 것을 말하는데, 이에 형평성을 맞추기 위해 2025학년도 수능부터 사탐 두 과목 응시자도 자연 계열에 지원할 수 있도록 했다. 일부 의대를 포함한 상위권 대학에서도 이를 허용하면서 사탐런이 심화된 것이다. 2026년 수능 응시자 중 9월 모의고사 사탐 응시 비율이 역대 최고치를 기록했고, 과탐 응시자들은 처음으로 10만 명 아래로 내려갔다.

유치원 학부모나 초등 저학년 학부모라면 도통 무슨 말인지 모르겠지만, 무슨 말인지 몰라도 된다. 예전에는 좋은 대학에 가려면 무조건 문과는 사탐, 이과는 과탐이었는데 이제 좋은 대학에서도 그 경계를 허무니 학생들이 비교적 공부하기 쉬운 사탐으로 쏠린다는 뜻이다. 그리고 이 현상이 2026학년도 수능에서 매우 두드러졌다는 말이다. 과탐은 사탐보다 공부할 것도 많고 비교적 내용도 어려우니 사탐을 공부하는 편이 낫다고 생각하는 것이다.

수능은 상대평가 등급제(단, 영어/한국사/제2외국어는 절대평가)이기 때문에 응시하는 학생 수가 많을수록 좋은 등급을 받기가 수월하다. 간단히 예를 들면, 10퍼센트가 1등급이라면 1,000명이 지원했을 때는 100등을 해도 1등급이지만, 100명이 지원하면 10등 안에 들어야 1등급이다.

당분간 사탐런은 가속화될 것이다. 그러니까 아이들에게 사회를 열심히 가르쳐야겠다고 생각한다면 오산이다. 수능 제도는 계속 변한다. 왜 자꾸 바꾸나 싶을 텐데, 정부에서도 어떻게 하면 사교육을 줄이고 학생들의 부담을 덜어주면서도 공정하게 평가할 수 있을지를 끊임없이 고민하고 제도를 수정하기 때문이다. 그러니 초등 부모가 할 일은 어떤 제도에도 흔들리지 않을 아이의 공부 체력을 길러주는 것이다. 제도는 언제든지 바뀔 수 있다.

아이가 수능을 치를 시점에 과학이든 사회든 두루두루 공부할 체력을 다져놓는다면, 그때 아이에게 가장 유리한 전략으로 대입전형을 준비하면 된다. 초등에서 해야 할 것은 당장 과학 지식 하나 더 쌓고, 사회 지식 하나 더 쌓는 것이 아니다. 사회와 과학을 공부할 체력을 만들어주자. 그렇다면 무엇부터 해주면 좋을까?

똑똑한
신문 활용 가이드

초등 입학과 함께 꾸준히 어린이 신문을 읽게 해주자. 신문은 배경지식과 어휘력, 독해력, 문해력을 한 번에 잡을 수 있는 좋은 교재다. 일본 도호쿠대학의 가와시마 류타 교수는 『뇌를 단련하는 신문 읽는 법脳を鍛える新聞の読みかた』에서 신문을 읽고 잘 활용하는 학생은 수학이나 사회, 과학, 언어, 글쓰기는 물론 품성에서도 우위를 보인다는 연구 결과를 언급했다. 우리의 일상과 밀접한 과학·사회 현상을 다루고 있기에 복잡한 현상을 일상과 연결해 이해할 수 있다. 전기차 보급이 늘고, 주차를 해주는 로봇이 등장했다는 기사는 자연스럽게 과학의 에너지 단원, 사회의 산업 변화, 생활 모습 변화 관련 단원에 연결된다. 기초 개념은 학교에서 교과서로 배우되, 신문에서 읽은 다양한 기사를 통해 사고의 폭을 확장한다. 이는 수행평가나 논술에서도 글쓰

기 재료가 된다. 다양한 배경지식은 학교 공부에 '흥'이 나게 한다. 수업 참여도가 높아질 수밖에 없다.

신문은 지류로 받아보면 좋지만, 《어린이 동아일보》 같은 경우 인터넷에서 필요한 날짜만큼만 구매해서 출력할 수 있다. 메인 화면에서 아이가 관심 있을 만한 기사를 찾은 후, 해당 날짜의 지면을 구매하면 인쇄할 수 있다. 출력한 기사를 화장실에, 소파에, 식탁에 올려두어도 좋다. 나는 해외에 거주하고 있어 프린트해 주지만, 실제 종이 신문을 받아보는 것을 더 추천한다. 신문을 받는 것이 부담스럽다면 다달이 나오는 어린이 잡지도 추천한다. 《어린이 과학동아》, 《수학동아》, 《독서평설》, 《시사 원정대》 등 아이가 관심 있어 할 잡지를 구매해 읽게 하면 좋다.

신문이라면 하루에 기사 하나 정도를 목표로 잡고 가볍게 시작한다. 신문의 모든 내용을 다 읽을 수는 없다. 관심 있는 기사를 하루에 딱 한 편 읽기로 시작한다. 잡지도 읽고 싶은 기사만 몇 개 추려서 읽게 한다. 아이가 관심 있을 만한 기사를 잘라 화장실 문 앞에 붙여놓아도 좋고, 냉장고 문, 집에 게시판이 있다면 그곳에 오려 붙여놓아도 좋다. 헤드라인만 읽어도, 기사의 사진만 봐도 좋다. 아이의 관심사가 넓어지고 세상을 보는 눈이 자란다.

다음은 신문과 잡지로 할 수 있는 다양한 활동 목록이다.

1) 취학 전 목표: 신문/잡지에 친숙하게 만들기

신문/잡지 찢어 놀기

- 신문이나 잡지를 찢어서 비처럼 뿌리기
- 뭉쳐서 공처럼 만들어 놀기

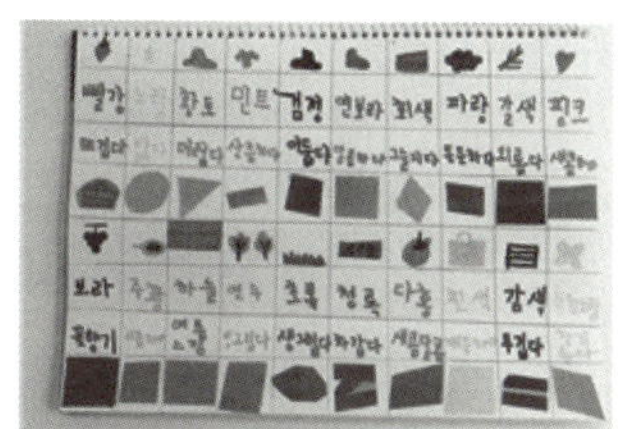

신문/잡지로 작품 만들기

- 사진 잘라 모자이크하기
- 다양한 색깔을 찾아 붙여보고,
  나만의 이름도 만들어보기

2) 초등 저학년: 신문/잡지로 간단한 글쓰기

- 헤드라인 바꾸기
- 계절에 어울리는 사진 찾아보기
- 사진에 해시태그 달아주기
- 광고 사진으로 마트 꾸미기
- 신문에 있는 사진 활용해서 자기소개하기
- 신문에 실린 사진 다섯 장으로 이야기 만들기
- 신문 속 사진으로 생일 파티 계획하기
- 신문 구성 요소 알아보기

- 신문 속 낱말로 끝말잇기
- 기사 속 단어로 빙고 게임하기

3) 초등 고학년: 신문/잡지 활용 논술

- 기사에서 육하원칙 찾아보기
- 기사 지문으로 문제 만들기
- 기사를 만화로 나타내 보기
- 각 문단의 중심 내용 찾아보기
- 나만의 일기를 기사로 작성해 보기
- 기사에 대한 내 생각 적어보기
- 기사를 읽고 내가 할 수 있는 일 생각해 보기
- 국경일 관련된 기사 스크랩하고 정리하기
- 기사 속 인물에게 편지 쓰기
- 기사 내용에 무조건 반대하는 글 써보기

체험학습 100퍼센트 활용하는 법

"여기서 봐. 여기 엄청 유명한 곳이야!"

"나 안 하고 싶은데…. 다리 아픈데…."

"이거 한 번 읽고 가보자. 여기 학교에서 배우지 않았어?"

"아, 몰라요."

속 터지는 엄마 마음을 아는지 모르는지, 뭐라도 하나 가르쳐주고 싶어서, 뭐라도 도움이 될까 싶어 데려온 곳에서 아이는 보는 둥 마는 둥 한다. 일상의 체험은 살아 있는 교과서다. 이왕 시간 내고 돈 내서 가는 여행이니만큼, 아이에게 제대로 도움되는 방법을 소개한다. 사회, 과학 시간에 눈빛을 반짝이며 참여할 수 있도록 말이다.

1) 박물관이나 과학관에서는 기념품 가게부터

보통 박물관이나 과학관에 가면 기념품 가게에서 기념품, 도록, 아이들을 위한 책자, 박물관 견학 가이드, 어린이 워크북, 컬러링 북 등을 판매한다. 관람 후에 들르지 말고 가장 먼저 들러서 워크북, 컬러링 북 등을 먼저 구매한다. 박물관 홈페이지에 간혹 어린이를 위한 워크지를 올려두기도 하는데, 방문하기 전에 검색해 보고 가도 좋다.

워크북이 있다면 워크북을 따라 활동해 보면 좋고, 컬러링 북이 있다면 박물관이나 과학관에 전시된 것을 보면서 색칠해 봐도 좋다. 기념품을 먼저 산 후, 박물관이나 과학관에서 그 기념품이 어디에서 나온 것인지 찾아보는 것도 재미다.

도록이나 가이드북에서 다섯 가지를 골라 아이에게 보물찾기처럼 찾아보게 한다. 박물관에 있는 모든 것을 다 보고 기억하는 것은 무리다. 가까운 박물관에 자주 들르면서 갈 때마다 주제를 정해 하나씩 보고 오면 훨씬 기억에 오래 남는다.

2) 나오기 직전 마무리 활동 하나

과학관에서 다양한 체험을 해본 후, 가장 기억에 남는 체험 한 가지를 떠올려본다. 그 장소로 다시 가서 사진도 찍고, 그림도 그리고, 그 원리에 대해 정리하는 시간을 가져본다. 집에 와서는 관련 지식을 책이나 인터넷으로 찾아보고 정리해 본다. 한 번에 완벽하게 배우겠다는 생각을 버리고 하나만 건지겠다고 생각해야 한다.

박물관에서는 가장 기억에 남는 것 한 가지를 떠올려보고, 다시 그 전시실로 간다. 직접 그림도 그리고 사진도 찍으면서 관련된 내용을 소개하는 글을 써보거나 그 자리에서 바로 일기를 써본다. 나는 휴대용 포토프린터를 꼭 가져가는데, 아이가 직접 찍고, 바로 인쇄해 일기장이나 활동지에 붙이고 자료를 정리해 보게 한다.

3) 『안녕, 나는 가이드북』 시리즈 활용하기

『안녕, 나는 가이드북』(상상력놀이터) 시리즈도 추천한다. 제주도, 경주, 강원도, 서울, 강릉, 인천, 전주, 광주, 대구 등 국내 지역을 여행할 때, 해당 지역의 책을 사서 가져가면 된다. 책에는 아이들이 쉽게 이해할 수 있는 지역 이야기, 역사적 배경, 유적지와 유물, 특산물과 전통 음식, 사진과 그림 자료가 실려 있다. 특히 함께 나온 워크북을 추천하는데, 체험학습 보고서를 작성할 수 있도록 각종 사진 자료와 스티커 자료, 만들기, 줄긋기, 퀴즈, 컬러링 자료, 티켓을 붙일 수 있는 학습지까지 잘 만들어져 있다. 아이들이 이 책을 들고 다니면서 가고 싶은 곳과 먹고 싶은 음식을 정하고, 워크북을 완성하면서 알차게 여행했던 기억이 난다. 국내 여행을 알차게 다니면서도 아이 학습에 도움되는 책을 찾는다면 추천한다.

암기과목을 공부하는 방법은 따로 있다

사회나 과학 과목은 현상에 대한 이해를 바탕으로 하기에 암기가 필요한 부분이 있다. 사실과 배경을 이해하고 암기해야 하는 과목은 암기를 잘할 수 있는 다양한 방법을 알려줘야 한다. SNS에서 부모가 아이의 시험 범위를 직접 공부하고, 요약 노트를 만들어 아이에게 주고 가르치는 모습을 본 적이 있다. 공부는 아이가 해야 한다. 공부할 양이 많아서 버거운 아이를 도와주려는 마음은 나도 충분히 이해한다. 하지만 부모가 할 일은 공부가 아니라 공부하는 방법을 알려주고, 공부가 힘들지 않도록 옆에서 격려하는 것이다. 집에서 부모가 함께 할 수 있는 여러 가지 방법을 소개하니 꼭 활용해 보길 바란다.

1) 교과서 복사해 주기

아이의 시험공부를 돕기 위해서 할 수 있는 일은 교과서를 복사해 주는 것이다. 요즘은 가정에도 복사가 되는 복합기를 많이 사용한다. 없다면 학교 앞 문구점에서 시험 범위만큼 교과서를 복사해 온다. 선생님들은 가르친 내용에서만 문제를 내야 하므로, 항상 교과서를 중심으로 시험 문제를 낸다. 교과서를 제대로 이해하고 암기하는 것이 먼저다.

페이지마다 중요한 내용, 선생님께서 강조하신 내용을 암기한 후, 화이트로 지우고 써보게 한다. 이 과정을 여러 번 반복하고 확실해지면 문제집을 풀면서 부족한 부분을 확인하고 다시 암기한다.

2) 컨닝 페이퍼 만들기

아이에게 A4용지 한 장을 주고 컨닝 페이퍼를 만들게 한다. 시험에 나올 것 같은 중요한 내용을 정리해서 컨닝 페이퍼를 만들어보는 것이다. 다 만들고 나서는 A4용지의 절반만큼으로 줄일 수 있도록 각 내용을 키워드로 정리하게 한다. 그다음은 그 크기의 절반만큼 또 줄인다. 컨닝 페이퍼를 만드는 과정에서 중요한 내용을 간추리게 되고, 자신만의 암기 방법을 만들게 된다. 키워드만 적어놓아도 어떤 내용인지 알게 된다거나 앞 글자만 따서 외우기도 하고, 앞 글자를 따서 이야기를 만들어 연상 기법으로 암기하기도 한다. 자신에게 잘 맞는 암기 방법을 컨닝 페이퍼를 만들면서 찾게 되니 다양한 암기 방법을 찾을 수 있도록 옆에서 도와주면 좋다. 물론 절대 학교에 가져가면 안 된다.

3) 생성형 AI 이용하기

문제를 풀다가 특정 유형의 문제를 반복해서 틀리면 챗GPT에 사진을 찍어 올리고 이와 비슷한 유형의 문제를 50개 정도 만들어달라고 한다. pdf 파일로 만들어달라고 하면 바로 인쇄할 수 있다.

아이가 정리한 컨닝 페이퍼를 찍어 올리고 쪽지 시험을 만들어달라고 해도 좋다. 답지도 따로 만들어달라고 한다. 하지만 오류가 있을 수 있으니 아이가 풀어보고 틀린 것은 반드시 교과서로 함께 확인한다.

4) 화장실에 포스트잇 붙이기

초등 고학년이 되면 암기과목에 외울 것이 많아진다. 포스트잇에 퀴즈를 50개 정도 만들어서 쓴다. 앞면에는 퀴즈를, 뒷부분에는 답을 적어두고 화장실 벽면에 붙여둔다. 퀴즈의 정답을 맞히면 포스트잇을 떼어서 한쪽에 모아두고, 다 떼면 한 번 더 복습한다.

5) 시험 문제 만들어보기

선생님이 되었다고 생각하고 엄마나 아빠가 풀 수 있는 시험 문제를 직접 만들어보게 한다. 객관식과 주관식을 골고루 섞어 문제를 내게 하고 부모가 직접 풀어보자. 문제를 직접 내보면 어떤 문제가 객관식으로 나오기 좋은지, 어떤 것을 주관식으로 쓸 수 있게 외워야 하는지를 스스로 파악해 중고등학교에 가서도 전략적으로 공부할 힘이 생긴다.

6) 화이트보드에 설명하기

가장 어려운 문제가 무엇인지 물어보고, 그 문제를 엄마나 아빠에게 설명하는 시간을 가져본다. 가르치는 사람은 완벽히 이해해야만 가르칠 수 있다. 그리고 직접 말로 설명하는 과정에서 배운 내용이 정리되고 구조화된다. 특히 "풀이 과정을 쓰시오."와 같은 문제를 아이가 직접 설명하게 하면 나중에 문제를 풀 때도 도움이 된다. 많이 말하고 설명하게 하자.

7) 스피드 퀴즈

컨닝 페이퍼를 만든 다음 그중에서 열 문제를 뽑는다. 아이가 만든 질문과 대답을 30초 안에 끝내기 같은 도전과제로 함께 해본다. 엄마가 문제를 만드는 것이 아니라 아이가 직접 문제를 만드는 것이 핵심이다. 타이머를 켜고 30초 동안 엄마가 문제를 내고 아이가 맞힌다. 여러 번 하다 보면 엄마도 정답을 암기하게 되는데, 이때 역할을 한 번씩 바꿔서 해도 효과가 좋다.

8) 카드 만들기

같은 그림 뒤집기 게임을 알고 있을 것이다. 짝 지어둔 카드를 엎어놓고, 같은 그림이 나오면 가져가는 게임이다. 역사 공부에서 문화재 이름을 외워야 할 때 등 그림이나 사진을 외워야 할 경우 효과적이다. 도화지같이 두꺼운 종이를 사용해 한 카드는 아이가 그림을 보면서 따라 그리고, 다른 한 카드는 이름을 적는다. 그림과 짝이 맞는 이름 카드를 찾으면 되는데, 아이가 그린 그림을 사진과 비교해서 설명해 달라고 한다. 그림을 직접 그려보면서 한 번 암기하게 되고, 게임을 하면서 또 한 번 암기하게 된다. 부모가 다 해주려고 하지 말고, 방법을 알려주고 아이가 직접 해보는 것이 더 효과적이다.

9) 앉아 있기 힘들어하는 아이는 산책하기

산책하면서 암기하게 한다. 마찬가지로 요약 정리(컨닝 페이퍼)한 것을 들고 같이 걸으면서 엄마나 아빠가 문제를 내고, 아이가 설명하는 것이다. 아이에 따라서는 몸을 움직이면서 암기하면 특정 장소에서 설명한 기억과 함께 암기했던 내용이 잘 떠오르기도 한다. 반면 집에서 조용히 공부할 때 집중이 잘되는 아이도 있다. 마음이 편안한 상태로 부모와 함께 산책하며 이야기를 나눌 때, 공부가 잘되는 아이들은 함께 밖으로 나가보자.

에필로그

부모가 기다려줄 때, 아이는 자란다

엄마는 우리 자매를 낳은 이후로 줄곧 '은영 엄마' 또는 '은아 엄마'로 불렸다. 언니를 먼저 낳았기 때문에 보통은 '은영 엄마'로 불렸는데, 아빠도 엄마를 '은아 엄마'가 아닌 '은영 엄마'라 부르는 것이 어린 마음에는 퍽 서운했던 기억이 난다.

엄마가 엄마의 이름을 찾은 것은 병원에서였다.

"박숙희 님, 진료실로 들어오세요."

엄마는 담낭암 진단을 받고 5년을 채 살지 못했다. 언니와 내 모습을 눈에 담으며 마지막 인사를 남기고 떠났다.

이후로 나는, 엄마가 없는 엄마가 되었다. 정말로 인생은 한 번뿐이라는 사실을 눈앞에서 마주했고, 그 사실은 내 삶을 바꾸어 놓았다. 그리고 아이 역시, 단 한 번뿐인 시간 속에서 키우고 있다는 것도 알게 되었다.

엄마는 늘 엄마처럼은 살지 말라고 했기 때문에, 나는 엄마 말을 잘 듣기로 했다. 교직에 들어가 그 업을 내 천직으로 만들었다. 한국에서 살 때도 그곳이 내게 가장 행복한 곳이 되게 만들었다. 프랑스에서도 내가 할 수 있는 일을 찾아 부지런히 해내고 있다. 내가 어떤 자리에 있던 내가 가장 잘하는 일을 찾아 해낼 수 있는 태도는 어릴 적 엄마에게서 배운 것이었다. 엄마는 매일 똑같은 루틴을 해내는 모습으로 꾸준함의 의미를 가르쳐주었다. 보고 자란 것의 힘은 언제나 말보다 크다.

돌이켜 보면 엄마는 크게 칭찬이 없던 사람이었는데, 내가 전교 1등을 해도 "노력한 만큼 성과가 나온 것은 정말 축복이다." 하셨고 내가 70점을 받아도 "네가 노력한 만큼이다." 하셨다. 언제나 내가 해낸 성과는 내 것이라 알려주셨고, 내 실패도 내 것이라 알려주셨다.

언제나 중요한 것은 '지금 잘하는가'가 아니라 '쉬어 가더라도 계속할 수 있는가'다. '어떤 자리에 있는가'가 아니라 '지금 내 자리에서 무엇을 하고 있는가'라는 사실이다. 아이가 지금 어떤 성과를 내고 있는지가 아니라 어떤 자세로 대하고 있는지를 바라보자. 부모가 기다려줄 때, 아이는 자기 속도로 자란다. 초등은 길을 찾는 시간이 아니다. 길을 걸어갈 힘을 기르는 시간이다. 그 여정 속에서 아이들은 진정한 행복이 무엇인지 배울 수 있다.

공부를 잘하고 싶은 사람은 누구보다 아이들이다. 공부를 좋아하게 하려면 삶을 좋아하게 만들어주어야 한다. 이 단순한 진실은 교실에서 늘 확인해 왔다. 순간을 사랑하는 아이들은 삶을 대하는 태도부터 다르다. 무엇을 해야 스스로가 행복해지는지 알고 공부도 자기 삶처럼 품게 된다. 좋은 성적을 받기 위해서가 아니라 더 나은 내가 되고 싶은 마음에서 시작할 때 끝까지 완주할 수 있다.

유아기와 초등 저학년은 가족 간의 사랑으로 마음을 채워야 할 시기다. 마음이 든든해야 무엇이든 배운다. 비교 대신 기다림을, 채찍 대신 신뢰를 건네며 마음을 데우는 데 더 힘써야 한다. 초등 고학년, 중고등학생도 마찬가지다. 학교와 학원에서 지친 아이에게 집은 쉬는 곳이어야 하고, 부모는 마음을 채워주는 사람이어야 한다. 그래야 아이는 회복하고 다시 공부할 힘을 얻는다. 흔히 공부는 엉덩이 힘으로 한다고 말하지만, 그 힘은 든든한 마음에서 나온다.

부모는 결단력 있게 이끌 때와 여유롭게 기다릴 때를 구분할 줄 알아야 한다. 나무에 물을 너무 많이 주면 뿌리가 썩고, 비료도 너무 많이 주면 자라지 못한다. 아이의 때를 기다리고, 도움이 필요할 때는 언제든 옆에 서 있는 부모가 되어야 한다. 자라는 속도에 맞게 천천히, 그러나 단단하게 자라 자기 삶에 뿌리내리고 그 삶의 주인이 되도록 키우자. 지금 잘하는 아이보다, 자라는 아이의 곁에 있어주고 싶다.

누군가의 행복을 말하면서도 내 아이의 행복은 잘 챙기고 있는지 되돌아볼 때가 많다. 일하는 바쁜 엄마 옆에서 묵묵히 자기 할 일을 해내고 있는 두 딸에게 엄마로서 늘 미안하고 고마운 마음이다. "엄마 딸로 태어나서 얼마나 다행인지 몰라!" 하고 말해줄 때마다 더 열심히 내 삶을 가꿀 용기가 생긴다. 내가 '서윤·연수 엄마'로 불리지 않고 '최은아'로 살 수 있는 것은 모두 남편 덕분이다. 하고 싶은 일을 할 수 있도록 모든 것을 품어주는 남편에게 존경과 사랑을 보낸다. 엄마가 없을 때는 언니가 엄마라고, 엄마는 늘 그 말을 입에 달고 살았는데 정말 그리되어 버린 것이 안타까운 마음이다. 어떤 일이든 제 일처럼 함께 해주는 언니와 형부, 그리고 우리 조카들, 또 양가 부모님께도 감사를 담아 전한다.

책 한 권이 나오기까지 작가의 일이 가장 적다는 사실을 책을 낼 때마다 실감한다. 이 책은 함께 만들어 준 편집자와 출판사의 손길, 그리고 세 번째 이야기를 기다려 준 독자들 덕분에 세상에 나올 수 있었다. 매번 책을 낼 때마다, 그리고 글을 쓸 때마다 따뜻한 시선으로 읽어주는 독자들이 있어 다시 쓰고 싶어진다. 진심으로 감사드린다.

어떤 인연도 영원할 수 없다는 사실 앞에서, 독자들과의 만남이 더욱 소중하게 느껴진다. 이 책을 통해 만난 독자들이 나에게 좋은 시절의 인연이 되어준 것처럼, 나 또한 누군가에게 오래 기억되는 따뜻한 인연이 되고 싶다. 앞으로도 마음을 건네는 이야기를 계속 써나가겠다.

마지막으로, 내게 좋은 일이 생길 때마다 누구보다 기뻐하고 있을 엄마에게 가장 먼저 이 책을 드리고 싶다.

초등 공부 시작의 기술

초판 1쇄 발행 2026년 1월 28일

지은이 최은아

발행인 윤승현 **단행본사업본부장** 신동해
편집장 김경림 **책임편집** 최은아
디자인 어나더페이퍼 **교정교열** 김민영
마케팅 최혜진 이은미 **홍보** 반여진
제작 정석훈 **국제업무** 김은정 김지민

브랜드 웅진지식하우스 **주소** 경기도 파주시 회동길 20
문의전화 031-956-7214(편집) 031-3670-1123(마케팅)
인스타그램 www.instagram.com/woongjin_readers
페이스북 www.facebook.com/woongjinreaders
블로그 blog.naver.com/wj_booking

발행처 ㈜웅진씽크빅
출판신고 1980년 3월 29일 제406-2007-000046호

ISBN 978-89-01-29928-0 03370

※ 책값은 뒤표지에 있습니다.
※ 잘못된 책은 구입하신 곳에서 바꾸어드립니다.